现代企业管理基础研究

纪洪元 龙腾飞 刘 然 ◎ 著

中国纺织出版社有限公司

内 容 提 要

市场经济已经渗透到社会生活的方方面面，企业的工程技术人员不仅要掌握专业技术知识，还要掌握一定的管理知识与方法，这是企业发展的要求，也是市场经济发展和社会进步对人才的要求。

因此，本书从企业管理基础的角度出发，主要介绍了管理与企业管理、企业战略管理、企业生产运作管理、企业市场营销管理、企业人力资源管理、企业财务管理，内容完整、结构严谨、突出实用性和应用性，有助于读者建立管理思维，增强其适应社会和市场的能力，可供一般技术人员及相关人士参考使用。

图书在版编目（CIP）数据

现代企业管理基础研究 / 纪洪元，龙腾飞，刘然著. --北京：中国纺织出版社有限公司，2023.7
ISBN 978-7-5229-0704-8

Ⅰ. ①现… Ⅱ. ①纪… ②龙… ③刘… Ⅲ. ①企业管理—研究 Ⅳ. ①F272

中国国家版本馆CIP数据核字（2023）第122139号

责任编辑：段子君 责任校对：高 涵 责任印制：储志伟

中国纺织出版社有限公司出版发行
地址：北京市朝阳区百子湾东里 A407 号楼 邮政编码：100124
销售电话：010—67004422 传真：010—87155801
http://www.c-textilep.com
中国纺织出版社天猫旗舰店
官方微博 http://weibo.com/2119887771
三河市延风印装有限公司印刷 各地新华书店经销
2023 年 7 月第 1 版第 1 次印刷
开本：710×1000 1/16 印张：13.75
字数：200 千字 定价：99.00 元

前言

市场经济已经渗透到社会生活的方方面面，现代企业中的技术活动与生产运作、市场营销、财务管理等经营管理活动密不可分。掌握专精技术、具备经济思维、了解管理知识的高层次复合型人才对于我国新工业化进程的重要性日益凸显。企业的工程技术人员不仅要掌握专业技术知识，还要掌握一定的企业管理知识与方法，这是企业发展的要求，也是市场经济发展和社会进步对人才的要求。

本书是为帮助读者学习和了解必要的企业管理基础知识而撰写的，就管理学的核心内容进行了重点介绍，全书在内容安排上共设置六章，即管理与企业管理、企业战略管理、企业生产运作管理、企业市场营销管理、企业人力资源管理和企业财务管理。

本书体系完整，结构严谨，内容新颖，深入浅出，突出实用性、应用性，通过对本书的学习，读者可以建立管理思维，增强适应社会和市场的能力，更有效地整合技术、管理等要素以创造顾客价值。

本书的撰写得到了许多专家学者的帮助和指导，在此表示诚挚的谢意。由于水平有限，加之时间仓促，书中所涉及的内容难免有疏漏与不够严谨之处，希望各位读者多提宝贵意见，以待进一步修改，使之更加完善。

纪洪元

2023 年 3 月

目录

第五章　企业人力资源管理

第六章　企业财务管理

参考文献

第一章 管理与企业管理

第一节 管理常识

一、管理的性质及职能

管理是指各级管理者在执行计划、组织、领导和控制等基本职能的过程中，通过优化配置来协调组织内的各种资源，包括人力、物力、财力及信息等，进而实现组织目标的过程。

（一）管理的基本性质

1. 管理的艺术性

管理的艺术性是指在掌握一定理论和方法的基础上，灵活运用这些知识和技能的诀窍和技巧。管理的艺术性即强调其实践性，没有实践就没有所谓的艺术。也就是说，仅依靠背诵的公式、原理来进行管理是行不通的，管理人员必须在管理实践中发挥主动性、积极性和创造性，结合实际情况将管理理论与管理活动相结合，才能进行有效的管理。管理的艺术性就是强调在掌握一定的原理和方法的基础上，灵活运用这些知识和技能的技巧。

2. 管理的科学性

管理的科学性是指管理作为一个活动过程，其存在一些客观规律。人们经过多次实践，从中收集、归纳、监测数据，提出假设，验证假设，总结出一系列反映管理过程中客观规律的管理理论和方法，并用这些理论和方法来指导我们的管理实践，同时以管理活动的结果来衡量管理过程中所使用的理论和方法是否正确、有效，从而使管理的理论和方法在实践中不断得到验证和加强。所以，管理的科学性是指反映管理客观规律的理论和方法，也是一套分析问题、解决问题的科学方法论。

3. 管理的两重性

管理的两重性，是建立社会主义管理科学的理论基础和基本出发点。任何社会的管理都具有两重属性，即社会属性和自然属性。

"监督劳动"是同生产关系直接相关的，是由共同劳动所采取的社会结合方式的性质决定的，是维护社会生产关系和达到社会生产目的的重要手段，它体现了管理的社会属性。

"指挥劳动"是同生产力直接相联的，有共同劳动的社会化性质，是进行社会化大生产的一般要求和组织劳动协作过程的必要条件，它体现了管理的自然属性。

管理的两重性既相互制约又相互联系。一方面，管理的两重性是相互制约的，管理的自然属性要求具有一定的"社会属性"的组织形式和生产关系与其相适应；同样，管理的社会属性也必然对管理的自然属性产生影响或制约作用。另一方面，管理的自然属性不可能孤立存在，它总是在一定的社会形式、社会生产关系条件下发挥作用；同时，管理的社会属性也不可能脱离管理的自然属性而存在，否则，管理的社会属性就会成为没有内容的形式。马克思关于管理两重性的理论，是指导人们认识和掌握管理的特点和规律、实现管理目标的有力武器。

（二）管理的职能

管理的职能是管理过程中各项活动的基本功能，又称管理的要素，是管理原则、管理方法的具体体现。管理职能通常包括五项：计划、组织、人员管理、领导、控制。管理职能循序完成，并形成周而复始的循环往复，其中每项职能之间是相互联系、相互影响的，以构成统一的有机整体。

1. 计划职能

计划是为实现组织既定目标而对未来的行动进行规划和安排的工作过程，其包括组织目标的选择和确立、实现组织目标的方法的确定和抉择、计划原则的确立、计划的编制以及计划的实施。计划是全部管理职能中最基本的职能，也是实施其他管理职能的条件。制订计划包括机会估计、确定目标、战略或行动计划的制订、落实人选和明确职责、制定进度表、分配资源、计划审定七个步骤。

计划工作内容："5W+1H"。

Why——为什么要做？即明确制订计划的原因及目的。

What——做什么？即明确活动的内容及要求。

Who——谁去做？即规定由哪些部门和人员负责实施计划。

When——何时做？即规定计划中各项工作的起始时间和完成时间。

Where——何地做？即规定计划的实施地点。

How——如何做？即制定实现计划的手段和措施。

2. 组织职能

为实现管理目标必须将各种业务活动进行组合分类，把实施每一类业务活动所必需的职权授予主管该类工作的人员，并规定上下左右的协调关系，为有效实现目标，还必须不断对其进行调整，这一过程即为组织。组织为管理工作提供了结构保证，它是进行人员管理、领导、控制的前提。

组织职能包括以下内容：

（1）明确哪些部门承担哪些职责，必要时设置新的机构、岗位。

（2）根据各个层次和部门的职责，授予相应的权限。

（3）将符合工作要求的人员配备到有关岗位上。

（4）明确成员间的分工协作关系。

（5）调配所需要的其他资源。

（6）根据内外部环境变化，适时变革。

3. 人员管理职能

人员管理是对各种人员进行恰当而有效的选择、培训、考评，其目的是配备合适的人员担任组织机构中的各项职务，以保证组织活动的正常进行，进而实现组织既定目标。人员管理与其他职能有密切的关系，直接影响组织目标能否实现。

4. 领导职能

领导作为名词是指领导者，即实行领导行为的人；作为动词是指领导活动，是通过指导、鼓舞、激励等方式带领、引导被领导者实现组织目标的实践活动。领就是带领；导就是引导。领导是对组织内全体成员的行为进行引导和施加影响的活动过程，其目的在于使个体和群体能够自觉、自愿且有信心地为实现组织既定目标而努力。

5. 控制职能

控制是按既定目标和标准对组织的活动进行监督、检查，发现偏差，采取纠正措施，使工作能按原定计划进行，或适当调整计划以实现预期目标。控制工作是一个延续不断、反复发生的过程，其目的在于保证实际的活动及其成果同预期目标相一致。

控制的基本过程为：确定控制标准—衡量实际绩效—进行偏差分析—采取纠偏措施。

上述各项管理职能是带有普遍性的。所有管理者无论担任什么职务、在何岗位上、处于哪一管理层次，都要执行这些管理职能。

二、管理的原则与方法

（一）管理的原则

所谓管理的基本原则，是指在管理基本原理的指导下、在管理实践中总结出来的、管理者在管理活动中必须遵循的行为规范，它是管理基本原理的体现。

1. 整分合原则与相对封闭原则

整分合原则与相对封闭原则是管理的系统原理的具体化、规范化。

（1）管理的系统原理。管理的系统原理源于系统理论，它认为应将组织作为人造开放性系统来管理。它要求管理从组织整体的系统性出发，按照系统特征的要求从整体上把握系统运行规律，对管理各方面的前提做系统分析、进行系统优化，并依照组织活动效果和社会环境变化，及时调整和控制组织系统的运行，最终实现组织目标。

（2）整分合原则。整分合原则，是指为了实现高效率管理必须整体规范、明确分工，在分工基础上进行有效的综合。整分合原则中，整体是前提，分工是基础，综合是保证。整分合原则的应用一般要经过整体目标确立、系统分解、综合协调三个步骤。整分合原则要求管理必须有分有合，先分后合。

（3）相对封闭原则。任何社会组织都是一种开放系统，系统内部与外界环境存在物质、能量、信息的交换。但是，作为一个组织的管理系统，其管理手段和过程必须构成相对连续封闭的回路，形成螺旋式开放循环，并周而复始地进行。这种封闭式管理，可以使管理系统内部的各要素、各子系统有机衔接、相互促进，保证信息反馈，形成有效的管理活动。这就是管理的相对封闭原则。

2. 反馈原则与弹性原则

反馈原则与弹性原则源于管理的动态原理。

（1）管理的动态原理。管理的动态原理包含两方面内容：第一，管理组织系统内部固有的结构、功能及运行状态具有随着内部各要素及内部其他条件的变化而适时调整、变化的动态规律；第二，管理组织作为更大系统的子系统，具有随着大系统的运动而运动、变化而变化的规律。

管理的动态原理具有有序性和适应性两大基本特征。有序性要求管理要按照一定规律有序地进行，适应性要求管理必须研究内外部环境的变化并努力适应这种变化。

（2）反馈原则。动态原理对管理组织系统提出了必须适应系统内外部环境变化的动态要求。这种要求体现在：任何一个管理组织必须对环境变化和行动结果追踪了解，及时掌握动态。同时，把行动结果与原来的目标进行比较，找出差距并及时纠正，以确保组织目标的实现。这种为了实现一个共同目标，把行为结果返回决策机构，使因果关系相互作用，实行动态控制的行为准则，就是管理的反馈原则。管理的反馈原则要求加强信息的接收工作、信息的分析与综合工作、信息的反馈控制工作。

（3）弹性原则。随着社会经济的发展，管理组织系统的环境因素日渐复杂、变动日益加剧，同时组织系统与环境之间的相互依赖关系日益密切。组织为了生存与发展，客观上要求加强组织的管理弹性，各方面都留有可调节余地，当各种不确定因素产生影响时，能灵活机动地进行调节，即具有应变适应能力。管理的弹性原则要求倡导"积极弹性"，并着重提高关键环节的局部弹性。

3. 能级原则与行为原则

能级原则和行为原则都是以强调发挥人的作用为核心内容，管理的人本原理是它们的基本原理。

（1）人本原理。所谓人本原理，是指从管理的角度对人的本质属性的认识和理论探讨。人本原理强调人在管理中的核心地位和作用，把人的因素放在首位。它要求管理者在一切管理活动中要十分重视处理人与人之间的关系，充分调动人的主动性和创造性，把做好人的工作作为管理根本，使管理对象明确组织的整体目标、自己所担负的责任，自觉并主动地为实现整体目标而努力工作。

（2）能级原则。能级原则是指管理的组织结构与组织成员的能级结构必须相互适应和协调，这样才能提高管理效率、实现组织目标。管理的能级原则要求管理必须按层次进行并具有稳定的组织形态；权利、责任和利益必须与能级相对应；同时要求各能级动态对应。唯有满足这些要求，才能将具有不同责任、能力和专长的人进行科学组合，产生最大效应。

（3）行为原则。行为原则是指管理者通过对组织成员的行为进行科学的分析，探寻最有效的管理方法和措施，以求最大限度地调动人们为实现整体目标的积极性。管理行为原则要求管理者既要探讨人的行为共性和普遍性的一面，以求科学地归纳组织成员的共同行为规律，又要研究个体行为的差异性和特殊性的一面，以便管理者能开展因人而异的管理活动，求得管理实效。

（二）管理的主要方法

管理方法是指在管理活动中为实现管理目标、保证管理活动顺利进行所采取的工作方式。管理方法是管理理论、原理、原则的延伸和具体化、实际化，是管理原理指导管理活动的必要中介和桥梁，是实现管理目标的途径和手段。管理方法包括以下几种：

1. 定性与定量分析方法

很多管理活动的开展是为了解决问题。解决问题要从对问题的分析入手。管理分析中应用的诸多方法都可以从定性❶与定量❷角度加以归类。这两种或者这两种结合使用的管理分析方法，在实践中被广泛使用，对它们的选择与应用的效果将直接影响管理分析的质量。

（1）定性与定量分析方法的并存运用。管理中人们对分析对象的认识，是从把握该分析对象的质的依存性开始的。这种质的依存性是从管理者认识分析对象内在规律依存性开始的。这种质的依存性是管理者认识分析对象内在规律性的起点。然而，任何质的依存性、规律性都表现为一定的量。量的分析是质的分析的延伸，而且在量的分析的基础上，又可以加深对质的认识。所以，要把握管理分析对象的内在规律，就必须在把握该分析对象质的规律性的基础上，深入研究它的量的规律性，即在定性分析的基础上进行定量分析。这两种分析方法的运用不可偏废。

运用数量知识和方法，对管理现象及其发展趋势，以及与之相联系的各种因素，进行计算、测量、推导、预见等，是定量分析方法。基本情况加判断、粗略统计加估计，是定性分析方法。管理者的经验判断虽在两种方法中都有应用，但在定量分析方法中不居主导地位，其分析结论主要借助现代数量知识和方法而得出。定性分析方法则更多地依赖分析者的经验和直觉，以经验判断为主。

（2）定量分析方法的特点。定量分析方法主要有以下特点：①抽象化。管理者在对分析对象进行数值推测时，可暂时避开具体性质和内容，运用经过抽象的数理概念、定理、公式、模型来描述和推导该分析对象的数量关

---

❶ 定性是指通过非量化的手段来探究事物的本质。

❷ 定量属性是指以数量形式存在的属性，并因此可以对其进行测量。

系。②相对严密性和精确性。因为定量分析方法是利用推理的形式来表示量的关系，由已知的量或"假定"的量来求出未知的量，也因为借助数量方法进行量的分析，不仅能阐明分析对象之间较简单的联系，还能够用它来阐明分析对象较为复杂的辩证联系。③普遍性。管理中大多数现象及其演变形式，都具有一定的数量关系，或通过一定的数量形式来表达，因此，定量分析方法原则上可应用于管理的大多数领域。

（3）定量分析方法的局限性。强调定量分析方法的作用，绝不是否定定性分析的重要性。进行定量分析，可使管理工作进一步科学化，却不能完全替代定性分析方法的作用。同时，还应该看到定量分析有它运用上的局限性。①影响任何一个管理活动的因素都是复杂的，但在运用定量分析方法时，为了求解和理解的方便，不可能对分析对象所涉及的每种情况及其变化情况全部详细描述，通常缩减许多客观存在的变量数目。②管理实践中多是运用线性模型或变通的线性模型来求解，实际上，影响管理活动的各个变量之间的关系大多是非线性的。这样定量分析得出的结果也只能是近似的。③进行定量分析，有时不可避免地要做一些假设，用这些为分析建立的虚拟的假设前提所做的分析所反映的管理活动现象的精确度会受到一定影响。

2. 行政方法

行政方法是指管理主体依托行政系统和层次，运用职位的权力，通过命令、指示、决议、规章制度等手段，直接组织、指挥和调节下属工作的管理方法。管理是要以一定的权威和服从作保证的。行政方法对于任何一种管理活动来说，都是必要的。在其位，才能谋其政，行政方法的实质是通过履行职位的权力进行管理。

（1）行政方法的主要特点。①权威性。行政方法是依靠管理机关和管理者个人的权威起作用，管理者不能仅仅凭借职位权力，还要努力提高个人的品质和才能，增强管理权威。②强制性。上级颁布的指示、制度、条例、规定标准、办法等对下级具有不同程度的强制性，强制性保证上级的意图得到下级的贯彻执行。③垂直性。行政方法是凭借组织中的上级的权威和下级的服从来实施管理的，这决定了这种方法只能在垂直隶属的管理关系上发挥作用。自上而下下达指示、命令、通知，自下而上请示、报告。④具体性。行政方法比较具体，上级管理者可根据管理所处理的问题、管理的对象和管理的实际环境等具体情况，灵活地选择行政方法的具体形式以达到一定的管理目的和要求。

（2）行政方法的运用要求。增强行政方法运用上的科学性和合理性，应满足以下四点要求：①尊重客观规律，减少和避免主观唯心主义的出现。②充分发扬民主，坚持从群众中来到群众中去的工作作风，减少和避免因官僚问题导致的管理失误。③不可单纯运用行政方法进行管理，要依据管理对象的特点，把行政方法与其他方法结合起来使用。④努力提高业务素质，提高运用这种"人治"管理方法的管理技巧水平。

3. 经济方法

（1）经济方法的实质分析。经济方法是指根据客观经济规律的要求，运用经济手段来调节有关方面的经济利益关系，以达成管理目标的方法。经济手段主要包括价格、税收、信贷、利润、工资、奖金、罚款等。经济方法的核心部分是经济利益问题。将经济利益作为内在动力与外在压力，推动被管理者去做什么、怎么做，最大限度地调动他们的积极性、主动性、创造性和责任感，这就是管理的经济方法的实质。

（2）经济方法的主要特点。①利益性。对经济利益的追求是人们进行各种社会实践的主要推动力，这是经济方法最根本的特性。②间接性。经济方法通过经济利益来影响组织和个人的行为，而不是直接干预和控制组织和个人的行为。③灵活性。经济方法的灵活性主要表现在两个方面：一是针对不同的管理对象采取不同的管理手段；二是对于同一管理对象，区别不同情况，可择取不同的经济手段进行经济关系的调控。

要从客观实际出发，综合运用各种经济手段，并注意与其他管理方法结合使用，科学确定经济方法应用的范围和力度。

4. 法律方法

法律方法是指国家根据广大人民群众的根本利益，通过各种法律、法令、条例和司法、仲裁工作，调整社会经济的总体活动和各企业、各单位在微观活动中所发生的各种关系，以保证和促进社会经济发展的管理方法。

法律方法不仅包括建立和健全各种法规，还包括相关的司法工作和仲裁工作。司法工作是指由国家的司法机关按照法律和法规解决各种纠纷和审理案件的执法活动。仲裁即公断，它是由仲裁人和仲裁机构做出判断和裁决。建立和健全各种法规与司法工作、仲裁工作是相辅相成、缺一不可的，只有法规而缺乏司法和仲裁，就会使法规流于形式，无法发挥效力；法规不健全，司法和仲裁工作则无所适从，易造成混乱。

法律方法的运用，既可以保证必要的管理秩序，调节管理因素之间的关系，还可以将管理活动纳入法治化、制度化轨道。但法律方法必须和管理的其他方法结合运用，才能达成管理目标。

5. 教育方法

教育方法是在对被管理者的思想和行为了解和分析的基础上进行启发觉悟、说服教育，使其明白道理、提高认识、调动工作热情、自觉地按管理者的愿望和要求行动起来的一种解决思想认识问题的管理方法。

教育方法的特性主要表现在以下三个方面：①启发性。这种方法主要通过宣传、诱导、启发等方式来提高人们的思想觉悟和认识，促使人们自觉地与一定的管理要求保持思想认识上的趋同、一致，引导生成、出现管理者所期盼的行为。它的效果不是靠权力强制、物质刺激取得的。②长期性。多数思想认识问题不是一朝一夕就能解决的，思想观念的确立需要一个较长的教育工作过程，这两个方面的工作也不是一劳永逸的。教育要做深入细致的工作，还要经常化。③灵活性。该方法没有统一的模式。教育方法形式多样，可不拘一格，不守常规，因己、因人、因事、因地、因时而灵活选择，形式的选择、运用讲求的是目的的达成，要力求做到教育内容上的合法性、合理性与教育形式上的合情性、艺术性的高度结合。

教育方法的主要形式包括大众传播、组织传授、"灌输"、诱导、讨论、对话、说理、批评与自我批评、谈心、家访、工作竞赛、典型示范、感化教育、形象教育、对象教育、预防教育、养成教育等。

三、管理者

（一）管理者的含义

管理者是开展管理活动的主体，任何组织的管理活动都与管理者密不可分。管理活动的成败都与管理者息息相关。那么，什么是管理者？在一个组织中哪些人是管理者？管理者在组织中，但并不是所有在组织中的成员都是管理者。我们可以将组织中的成员分为两类，即操作者和管理者。

操作者是指在组织中直接从事具体的业务，且对他人的工作不承担监督职责的人，如工厂里的工人、餐厅里的服务员等。他们的工作就是做好组织分派给他们的具体操作性事务。

管理者是指在组织中指挥他人完成具体任务的人，如工厂的厂长、餐厅的经理等。虽然他们有时也做具体的事务性工作，如医院院长也给病人做手术、学校校长也给学生上课等，但其主要职能是指挥下级工作。

所以，管理者的定义为：负责对组织的资源（人、财、物等）实施计划、组织、领导和控制等管理行为的有关人员。

（二）管理者的类别划分

1. 按管理者在组织结构中的层次来划分

按管理层次来划分，管理者可分为高层管理者、中层管理者和基层管理者。

（1）高层管理者。组织的高层管理者是站在组织的立场上，对整个组织实行综合指挥和统一管理的人员。通俗地讲，就是一个组织的"头头"。组织有大有小，成员有多有少，但只要是代表组织的管理者，就是高层管理者，高层管理者所考虑的问题和从事的管理活动，都是与组织的总体发展和长远发展密切相关的。高层管理者的主要职责是制定组织长远发展的战略目标和发展的总体战略、制定政策、使用干部、分配资源、评价组织的活动成效和业绩等。一级甲等医院、二级甲等医院、三级甲等医院院长，都是他所代表的那个医院的高层管理者，学校校长、公司总裁、政府首脑等也都是高层管理者。

（2）中层管理者。中层管理者的主要职责是执行高层管理者所做出的决策，并使高层管理者制定的战略目标获得实现。中层管理者通常称为中层干部，他们是一个组织中各个部门的负责人，如医院的各科室主任、大学的系主任、公司的部门经理、企业的车间主任等。他们要贯彻、执行高层管理者的意图，要为他们所负责的部门制定次一级的管理目标，筹划和选择实现目标的行动方案，在部门内分配资源，制定针对偏离目标的行动的纠正方案。他们向组织的高层管理者报告工作，检查、督促、协调基层管理者的工作，保证组织目标的实现，起承上启下的作用。

上面提到，一个组织的高层管理者与他们所代表组织的大小无关，但要承认，组织越大，组织结构层次越多，此时该组织内的高层管理者和基层管理者的含义不变，只是中层管理者又分为若干层次。在三个层次的管理者中，中层管理者的情况最为复杂，而高层管理者和基层管理者的概念相对清楚，因此，我们可以把中层管理者定义为处于高层管理者和基层管理者之间的管理者。

（3）基层管理者。基层管理者的主要职责是按中层管理者指示的程序，组织、指挥和从事具体的管理活动，给下级人员分配工作，检查下级人员的工作情况等。他们又被称为一线管理者，其所接到的指令是具体的、明确的，所能调动的资源是有限的，任务也是明确的（带领和指挥下级有效地完成任务）。他们要向上级报告任务的执行情况，汇报相关工作以求得上级的支持。基层管理者如职能部门的科长、教研室主任、企业车间里的班组长等。

按层次划分管理者的方法适用于一般情况，对于一家只有几名、十几名雇员的私人企业来说，老板就是管理者，他直接指挥工人，此时他相当于一个基层管理者；他还指挥着从事具体管理工作的人员，此时他又是一个中层管理者；同时他又代表了这家企业并对该企业负全责，起到了高层管理者的作用，可以说他集三个层次的管理者于一身。

2. 按所从事的业务来划分

管理者在实际工作中，所从事的管理工作的性质和业务内容是不同的，按从事的业务来划分，管理者可分为行政管理人员、人事管理人员、财务管理人员、业务管理人员和其他管理人员。

（1）行政管理人员。行政管理人员主要负责后勤保障工作，以保证其他部门各项工作的正常运转。

（2）人事管理人员。人事管理人员主要从事人力资源的管理，具体地说，其任务是制订人力资源计划，招聘和选择组织所需要的合格人才，并对这些人才进行有效培训和合理使用，建立合理而有效的业绩评估、晋升、奖励、惩罚等制度。

（3）财务管理人员。财务管理人员主要从事与资金的筹备、预算、核算、投资及使用等有关活动的管理。

（4）业务管理人员。业务管理人员对组织目标的实现负有直接责任，负责组织和控制组织内日常业务活动的开展，企业中的生产部、技术设计部、市场经营部等部门的负责人都是业务管理人员。

（5）其他管理人员。其他管理人员是指除上述管理人员以外的各类管理人员。例如，公共关系人员，其负责处理与外部媒介之间的关系等工作。

（三）管理者的素质

素质是人在先天条件下，通过后天的教育训练和在环境影响下形成的比较稳固的且在比较长时间内起作用的基本品质，它是一个人产生行为的基础和根本因素。管理者素质是指一个管理者应具备的各种条件的综合。管理者的工作决定了组织的成败，任何管理者的成就都离不开其优良素质。管理者应该具备的素质有很多，不同的管理岗位要求的素质又不尽相同，但有些素质是优秀的管理者应该具备的。下面主要分析管理者的品德素质和知识素质。

1. 品德素质

管理者的品德素质是指管理者思想、认识和品性等在行为、作风中的表现，包括以下内容：

（1）思想政治品德。管理者要对国家和社会具有高度的责任感和奉献精神。具备一定的政治思想素质，可以使管理者将个人利益同组织利益保持一致，顾全大局、顾全整体。

（2）道德情操。情操是更高层次的人类感情，是情感的一种升华。人都是有感情的，当人们把对某一事物的炽烈情感和深刻的思想认识与坚定的行为实践相结合时，情感就上升为情操了。所以，我们通常所说的高尚情操，主要是指道德情操。管理者在生活和工作中形成了各种道德情操，并用它来要求自己的行为。道德情操是衡量管理者素质的指标之一。主要的道德情操包括明确的是非观念、遵纪守法、廉洁奉公、谦虚的品质等。

（3）理想抱负。没有理想抱负的人是不可能有所作为的。管理者只有树立一定的理想和抱负，才会有强烈的事业心和责任感，才会有干劲，才会对组织有所贡献。管理者的理想抱负主要指其对工作的责任感、进取心和坚韧性，在困难、压力和竞争的氛围中要勇往直前等。

（4）言行作风。管理者的言行作风会影响下属，所以管理者在工作中要善于调查研究、注意工作方法、讲求工作实效，要以身作则、言行一致、严于律己、宽以待人、作风民主、深入群众。

2. 知识素质

知识是提高管理者素质的根本和源泉。知识素质是指管理者做好工作必须具备的基础知识与专业知识。管理学是一门综合性很强的学科，这就要求管理者掌握多方面知识。管理者要提高知识素质，必须设计好自身的知识结构。现代管理者的知识结构应是具有时间概念的"T"形知识结构，或称通才的动态结构。管理者的知识不仅要有深度和广度，还要有新度。

掌握必要的管理理论和方法，了解管理理论的新发展，才能让管理者在工作中少走弯路，成为真正的管理者。掌握经济知识可以帮助管理者把握经济发展的规律。掌握专业方面的知识，便于管理者了解经营业务与业务运行规律，了解本行业的科研和技术的发展情况。同样，管理者只有了解相关的政策法规，才能不违反国家的方针政策和法令法规，保证组织顺利发展，维护自身合法权益。管理者的工作重心是和人打交道，因此，掌握心理学方面的知识，可帮助其协调上下级关系，做好人的工作。

第二节 企业管理

管理是管理者为了有效地实现组织目标、个人发展，运用管理职能进行协调的过程。企业管理是根据企业的特性及生产经营规律，对企业的资源进行有效配置，实现企业既定目标的活动过程。

一、企业管理的性质及特征

（一）企业管理的性质

企业管理是在人类发展史上有了企业这个事物后才出现的，是随着家庭个体手工业发展到工场手工业，再发展到机器大工业，即从个体劳动生产发展到简单协作生产，再发展到机器协作生产而逐步形成并发展起来的。企业管理的产生与发展既是生产力进步的结果，又是不断调节人与劳动资料关系、人与人之间关系的结果。企业管理就是适应生产力进步、生产关系调节的需要而存在和发展的。因此，管理的性质具有两重性：一是自然属性，二是社会属性。管理是生产过程中固有的属性，是有效地组织劳动所必需的，这就是管理的自然属性；但同时管理又直接或间接地同生产资料所有制有关，管理是为统治阶级服务的，受一定生产关系、政治制度和意识形态的影响和制约，这就是管理的社会属性。管理的两重性是马克思主义关于管理问题的基本观点。

（二）企业管理的特征

企业管理作为一种实践活动主要具有以下特征：

（1）企业管理的目的性。企业是一个以不断创造社会所需要的产品和服务为生存价值的经济组织，经营是企业一切活动的中心，管理是为经营服务的。因此，企业管理的目的就是不断提高劳动生产率，争取最佳的经济效益，保证企业的稳定和发展。管理者的职责就是不断通过管理活动引导和激

15

励组织成员为企业目标的实现而努力。

（2）企业管理的组织性。企业是为了实现一定的经济目标和其他目标而将人、财、物等要素融合为一体的一个人造组织。为了保证企业组织中各种要素的合理配置和使企业协调运转，以实现企业的目标，就需要在企业中实施管理。企业管理的载体是企业的组织构架，有效的管理活动必须通过高效率的组织来实现。

（3）企业管理的"人本性"。所谓"人本性"是指以人为本。企业管理的"人本性"是指在企业管理过程中应当以人为中心，把理解人、尊重人、调动人的积极性放在首位，把人作为管理的重要对象及企业最重要的资源。这样才能协调好其他要素，实现高水平的管理。

（4）企业管理的创新性。管理的创新性是指管理本身是一种不断变革、不断创新的社会活动。在当今经济全球化与竞争越来越激烈的条件下，面临着动态变化的环境，企业更是要在管理中不断寻求创新，以适应快速变化的环境，在激烈的竞争中获得生存。

（5）企业管理的艺术性。企业管理的艺术性是指在掌握一定的企业管理理论和方法的基础上，灵活应用这些知识和技能的技巧和诀窍，以提高企业管理的效率。企业管理的艺术性强调的是管理人员必须在管理实践中发挥积极性、主动性和创造性，因地制宜地将企业管理知识与具体管理活动相结合，才能进行有效的管理。

二、企业管理环境

企业管理环境是指存在于一个企业内部和外部的，影响企业业绩的各种力量和条件因素的总和。

任何一个企业都是在一定的宏观环境下开展经营活动，以求得自身的生存和发展的，因此，如同自然界的生物必须遵循"适者生存"的自然法则一样，企业必须注重对宏观环境的研究，努力争取使外部市场环境与企业内部条件和营销策略之间互相适应，从而增强企业应变能力，实现企业目标。

企业主要根据两大类因素制定战略决策：一类是外部环境因素，它是企业不能控制但必须适应的外部力量，包括一般环境和任务环境，为企业的生存和发展带来机会的同时也带来威胁；另一类是企业内部环境因素，它是企业能够控制的或根据企业的经营目标灵活运用的因素，包括经营状况、组织结构和企业文化，主要体现企业在竞争中的优势和劣势。

企业的经营过程，实际上是不断在其内部条件、外部环境及其经营目标三者之间寻求动态平衡的过程。

下面着重分析企业管理的外部环境，即一般环境和任务环境。

（一）一般环境因素

企业的一般环境因素涉及面广，它主要从宏观方面对企业的生产经营活动产生间接的影响。这些因素主要有：政治环境、经济环境、社会文化环境、科技环境、自然环境。

1. 政治环境

政治环境包括组织所在地区的政治制度、政治形势，执政党路线、方针政策和国家法令等，主要表现在地区政局的稳定性和执政党的路线、方针、政策方面。就政治环境而言，政治的稳定是极其重要的。

2. 经济环境

经济环境主要由宏观经济环境和微观经济环境两个方面构成。宏观经济环境包括国民生产总值、国民收入及其变化情况，以及通过这些指标反映的国民经济发展水平和发展速度。宏观经济环境好，可以为企业的生存和发展提供有利机会，而萧条、衰退的经济形势则可能给企业带来生存的困难。微观经济环境包括消费者的收入水平、消费偏好、可支配收入情况、就业情况等。如果居民的收入水平及可支配收入水平较高，则意味着一个地区或市场有较强的购买力，企业的发展会有较大的市场机会。因此，微观经济环境的好坏直接影响企业的生存和发展。

3. 社会文化环境

从影响企业战略制定的角度来看，社会文化环境可分解为人口、文化、物质三个方面的因素。

人口因素是企业最关注的社会环境因素之一，人口构成了大多数产品的消费市场，对企业战略的制定有重大影响。例如，人口总数直接影响社会生产总规模；人口的地理分布影响企业的厂址选择；人口的性别比例和年龄结构在一定程度上决定了社会需求结构，进而影响社会供给结构和企业生产；人口的教育文化水平直接影响企业的人力资源状况；家庭户数及其结构的变化与耐用消费品的需求和变化趋势密切相关，因而也就影响耐用消费品的生产规模等。

文化环境对组织的影响是间接的、潜在的和持久的。文化的基本内容包括哲学、语言与文字、文学艺术等，它们共同构筑成文化系统，对组织文化有重大的影响。哲学是文化的核心部分，在整个文化中起着主导作用。宗教作为文化的一个侧面，在长期发展过程中与传统文化有着密切的联系。语言、文字和文学艺术是文化的具体表现，是社会现实生活的反映，它对企业员工的心理、人生观、价值观、性格、道德及审美观点的影响及导向是不容忽视的。企业对文化环境的分析过程是企业文化建设的一个重要步骤，企业对文化环境分析的目的是要把社会文化内化为企业的内部文化，使企业行为符合环境文化的价值取向。

4. 科技环境

科技环境通常由组织所在国家或地区的技术水平、技术政策、科研潜力和技术发展动向等方面因素构成。与经济因素不同的是，当一种新技术给某一行业或某些企业带来增长机会的同时，可能对另一行业形成巨大的威胁。例如，电视机的出现使电影业受到沉重的打击；高性能塑料和陶瓷材料的研制和开发严重削弱了钢铁业的获利能力。因此，企业要密切关注与本企业产品有关的技术和它们的现有水平、发展趋势及发展速度，不仅要关注新材料、新工艺、新设备等硬技术，还要关注管理思想、管理方法、管理技术等软技术。

5. 自然环境

自然环境主要包括地理位置、气候条件和资源状况等自然因素。第一类是取之不尽、用之不竭的资源，如空气等；第二类是有限但可以再生的资源，如森林等；第三类是既有限又不能再生的资源，如石油等。目前，社会公众的环境保护意识日趋加强，人们越来越关心自己生存的环境质量，这一方面给企业造成压力，另一方面也为有关企业创造了机会。

（二）任务环境因素

1. 资源供应者

一个企业的资源供应者是指向该企业提供各种所需资源的人或单位。这里所指的资源供应不仅包括设备、人力、原材料、资金，还包括信息、技术和服务等，即所有生产要素的供给。对大多数企业来说，金融部门、政府部门、股东是其主要的资金供应者；学校、劳动人事部门、各类人员培训机构、人才市场、职业介绍所是其主要的人力资源供应者；各新闻机构、情报信息中心、咨询服务机构、政府部门是其主要的信息供应者；院校、科研机构、发明家是其技术的主要源泉。

由于企业在其运转的每一个阶段中，都依赖于供应商的资源供应，一旦主要的资源供应者发生问题，就会导致整个组织运转的减缓或中止。因此，为了使企业避免陷入困境，管理者必须对供应商的情况进行比较全面的了解和透彻的分析。组织对供应商管理的目的，就是确定在哪些条件下对哪些原材料可以通过自行生产来解决，而哪些需要通过外购来解决。

2. 服务对象

服务对象或顾客是指企业产品或服务的购买者，主要包括所有出于直接使用目的而购买以及再加工或再销售目的而购买产品或服务的个体或组织。由于企业通常是为了满足某种顾客需要而设立的，因此顾客或消费者便构成了企业的消费市场。如果一个企业失去了其服务对象，该企业也就失去了其自身存在的基础。作为企业，要确保及时地向其顾客提供满意的商品和优质的服务，这是组织管理者的头等大事。

3. 竞争对手

竞争对手是指与组织争夺资源、服务对象的人或组织。任何组织，都不可避免地会有一个或多个竞争者。这些竞争对手不是相互争夺资源，就是相互争夺服务对象。因此，竞争对手是企业的重要环境要素，由于它与企业存在资源和市场的争夺及此消彼长关系，因此，企业必须时刻关注竞争对手的发展状况和趋势，做到"知己知彼"，才能采取正确的应对策略。没有一个组织在管理中可以忽视竞争对手，否则就会付出惨重的代价。

竞争也不仅限于国内，我国国内的各类企业不仅面临着来自国内企业的竞争，还直接面临来自国外企业的竞争。在这种情况下，国内的竞争对手之间有时可能会出现某种程度的联合，以对抗来自国外的竞争。

4.相关管理部门

相关管理部门主要是指国务院及各级地方政府等相关机构，其可制定有关的政策、法规，规定价格幅度，征税，对违反法律的企业采取必要的行动等，而这些对一个企业可以做什么和不可以做什么，以及能取得多大的收益会产生直接的影响。任何一个企业的经营都不可以超越法律规定之外。作为企业，其行为内容及方式必须符合政府的要求，同时应在尽可能多的方面赢得政府的支持。

5.其他利益团体

其他利益团体即各类非政府的社会组织，如绿色和平组织、中华全国妇女联合会、中国消费者协会、新闻媒体等。这些组织尽管与企业没有直接的制约和管制关系，但同样可以对各类企业产生较大的影响。例如，新闻媒体对组织的表扬或批评抑或是"曝光"，会对企业产生很大的正面或负面社会影响，从而影响企业的形象、声誉及生存发展环境。因此，企业应与这些组织建立良好的沟通协作关系，尽可能赢得他们对企业的支持。

三、企业组织结构的形式

企业组织结构主要的形式有：直线制、职能制、直线—职能制、事业部制、模拟分权制和矩阵制。

（一）直线制组织结构

直线制组织结构是最早出现的也是最简单的企业组织结构形式。它的特点是企业的各级行政单位从上到下实行垂直领导，下属部门只接受一个上级的指令，各级主管对所属单位的一切问题负责。厂部不再另设职能机构（但可设职能人员协助工作），一切管理职能基本上由各级主管自己执行。

直线制组织结构的优点是：结构比较简单、责任分明、命令统一。

因为多个下属只接受一个上级的领导，这就要求各级主管通晓多种知识和技能，亲自处理各种业务。在业务比较复杂、企业规模较大的情况下，把所有的管理职能集中到最高主管一个人身上，这显然对其而言是很难胜任的。因此，直线制组织结构适用于规模较小、生产技术比较简单的企业。

（二）职能制组织结构

为了缓解直线制组织结构中各级主管的工作压力，出现了职能制组织结构，即各级行政单位除主管外，还相应地设立一些由专业人员组成的职能机构，协助厂长等各级主管从事各种职能管理工作。这种组织结构要求行政主管把相应的管理职责和权力交给相关的职能机构，各职能机构有权在自己的权力范围内向下级行政单位发号施令。因此，下级行政负责人除接受上级的行政主管人指挥之外，还必须接受上级各职能机构的领导。

职能制组织结构的优点是：能适应现代化工业企业生产比较复杂、管理工作分工比较精细的特点，能充分发挥职能机构的专业管理作用，减轻直线领导人员的工作负担。

职能制组织结构的缺点是：妨碍了必要的集中领导和统一指挥，形成了多头领导，不利于明确各级行政负责人和职能科室的责任。

（三）直线—职能制组织结构

直线—职能制组织结构也叫生产区域制组织结构或直线参谋制组织结构。它是在直线制组织结构和职能制组织结构的基础上，取长补短而建立起来的。目前，我国大多数企业采用这种组织结构形式。这种组织结构形式把企业管理结构和人员分为两大类：一类是直线领导机构和人员，按命令统一原则对下级行使指挥权；另一类是职能机构和人员，按照专业化原则，从事组织的各项职能管理工作。直线领导机构和人员在自己的职责范围内有一定的决定权和对所属下级的指挥权，并对自己部门的工作负全部责任。而职能机构和人员，则是直线指挥人员的参谋，不能直接对部门发号施令，只能进行业务指导。

直线—职能制组织结构的优点是：既能保证企业管理体系的集中统

一，又可以在各级行政负责人的领导下，充分发挥各专业管理机构和人员的作用。

直线—职能制组织结构的缺点表现在两个方面：一方面，职能部门之间的协作和配合性较差，职能部门的许多工作要直接向上层领导请示，加重了上层领导的工作负担；另一方面，也造成办事效率低下。为了克服这些缺点，可以设立各种综合委员会或建立各级会议制度，以协调各方面的工作，减轻上层领导的负担，提高工作效率。

（四）事业部制组织结构

事业部制组织结构的基本做法是：把一个企业的生产经营活动按产品类别或按地区分成不同的组成部分，每一部分就是一个事业部。从产品的设计、原材料采购、成本核算、产品制造，一直到产品销售，均由事业部及所属工厂负责。各事业部实行独立经营，单独核算。一般企业总部只保留人事政策、预算控制和监督权。企业总部通过利润等指标对各个事业部进行控制。

无论按产品划分事业部，还是按区域划分事业部，事业部都应具有三个基本要素，即相对独立的市场、相对独立的利益和相对独立的自主权。

1. 事业部制组织结构的优点

（1）事业部制组织结构是一种高度集权下的分权管理，通过集权，企业总部的高层管理者和经营者负担减轻，可以集中精力进行长期战略目标的研究，对企业整体战略性问题进行迅速、准确决策；通过分权，各个事业部的主管都能在自己的权力范围内对相应市场作出快速反应，决策迅速。

（2）各事业部独立经营，实行独立核算，在一定程度上分散了公司整体的经营风险，各个事业部经营成果也一目了然，便于总部对其进行考核；同时，各个事业部内部的供、产、销之间不像直线—职能制下需要高层管理人员的参与和管理，更容易协调，更便于组织专业化生产和实现企业内部协作。

（3）总部往往主要通过各个事业部的业绩对其进行考核和评价，所以这在一定程度上会促进各个事业部之间的相互竞争，容易形成竞争氛围，更能发挥各个事业部的积极性，也有利于促进企业的发展。

（4）各个事业部的经理要从事业部整体的角度来考虑和解决各种问题，这有利于公司不断培养和训练管理人才。

2. 事业部制组织结构的缺点

（1）公司与事业部的职能机构部分重叠，会出现管理人员和其他非生产性人员增加的倾向，造成管理人员及相关费用的浪费。

（2）事业部实行独立核算，各个事业部通常只考虑自身的利益，这在一定程度上或在某些特殊的市场环境下会影响事业部之间的协作，同时也会造成事业部之间不易交流，不利于相互取长补短。

（3）事业部之间、事业部与总部之间的一些业务联系与沟通往往被经济关系所取代，甚至总部的职能机构为事业部提供决策咨询服务时，事业部也要支付咨询服务费用，这使总部与各个事业部之间的关系变得松散，不利于总部对各个事业部的控制与协调。

针对事业部制的缺点，20世纪70年代美国和日本的大公司又出现了一种基于事业部制而产生的超事业部制（或称为执行部制）。它是在事业部制组织结构的基础上，在组织最高管理层和各个事业部之间增加了一级管理机构，负责管辖和协调所属各个事业部的活动，使领导方式在分权的基础上又适当的集中。

事业部制是一种适用于规模庞大、产品品种繁多、技术复杂的大型企业的高度集权下的分权管理体制。

（五）模拟分权制组织结构

模拟分权制组织结构是一种介于直线—职能制组织结构与事业部制组织结构之间的一种企业组织结构形式。它适用于钢铁、化工、原料、医药等连续生产的大型企业。这类企业受产品生产工艺过程所限，生产经营整体性强，各生产单位生产的产品没有真正的外部市场，难以分解成为几个独立的事业部，因此不宜分权；同时又由于企业的规模庞大，高层管理者不容易有效地控制管理，因此不宜集权。例如，在钢铁企业内部，炼铁分厂与炼钢分厂之间很难分成相互独立的事业部。这是因为炼铁分厂为炼钢分厂提供的铁水，在市场上是很难买到的，如果炼钢分厂不使用炼铁分厂的铁水，就只能在市场上购进炼钢生铁，但这无疑会增加炼钢分厂的生产成本。这对企业而言也是不利的。模拟分权制组织结构就适用于这种情况的企业。

所谓模拟，就是模拟事业部制的独立经营、单独核算，但实际是一个个生产单位，而不是真正的事业部。这些生产单位有自己的职能部门，享有较大的自主权，各个生产单位之间按内部的"转移价格"进行产品交换并计算利润，进行"模拟性"的独立核算，负有"模拟性"的盈亏责任。这样做的目的是要调动各生产单位的生产积极性，达到改善企业生产经营管理的目的。模拟分权制的关键是准确确定各生产单位生产的中间产品的价格。

模拟分权制组织结构的主要优点如下：第一，通过模拟分权可以减轻高层领导管理者处理日常事务的负担，把精力更多地投入企业战略研究中。第二，企业内部通过模拟形成生产单位后，各单位相对独立，可调动其积极性，也便于考核各单位成绩。

模拟分权制组织结构的主要缺点如下：第一，正因为是模拟分权，缺乏明确的标准，所以关于分权大小、幅度以及各个单位之间的统一管理和协调不易量化和明确。第二，各个生产单位因为没有自己独立的外部市场，而在工序上或流程上又是相互衔接的，所以产品在内部转移时实行的是内部价格，确定该价格时也缺乏明确的标准，造成效益核算不准确。

（六）矩阵制组织结构

矩阵制组织结构是从专门从事某项工作的工作小组形式发展而来的一种组织结构，是一种既保持了直线—职能制组织形式（垂直领导系统），又成立了按规划目标划分的横向领导系统（可以加强横向部门之间的沟通协调）的企业组织结构，因此又可称为目标规划管理制组织结构。

矩阵制组织结构形式是改进了直线—职能制组织结构的横向联系差、缺乏灵活性的缺点而设计的一种企业组织结构形式。它的特点是围绕某项专门任务成立跨职能部门的专门机构。例如，企业进行新产品开发工作，则组成一个专门的产品（项目）小组，在研究、设计、实验、制造等各个不同阶段，由相关部门的相关人员参加，做到纵横结合，通过协调各个职能部门的关系，保证任务的顺利完成。这种组织结构的形式是固定的，而人员却是变动的，项目小组的负责人和组织内的人员是为了完成任务临时任命和组织的，完成任务后就退出组织，各自回到原来的职能部门，因此，矩阵制组织结构具有一定的临时性。

矩阵制组织结构的主要优点如下：第一，矩阵制组织结构灵活、机动，可随着项目的开发与结束而组合和解散。由于是根据项目进行组织的，因此任务清晰、目标明确；而且各职能部门有专长的人员都是有备而来的，对于人员融入工作、加强组织纵向联系和横向联系很有益。第二，将各个职能部门的专业人员集中在一个项目小组进行工作，比分散在各个部门更容易协调和管理。第三，参加项目攻关小组可增强参与人员的荣誉感，激发其工作积极性。

矩阵制组织结构的主要缺点如下：第一，一般在这种组织结构下，项目负责人的责任大于权力，使其在某些特殊情况下开展工作时力不从心。第二，由于矩阵制组织结构是为了某种临时性的目的而形成的，项目小组成员仍隶属于原部门，成员存在受到项目负责人和原部门负责人双重领导的问题。另外，项目负责人缺乏足够的激励与约束手段来对成员进行管理，也是矩阵制组织结构的先天缺陷。第三，在矩阵制组织结构中，因项目小组多为攻关需要而成立，任务完成后各成员仍要回到原来的部门，因而容易产生一些临时心理，特别是在项目遇到挫折或重大困难时，成员心理不稳定，不利工作。

矩阵制组织结构适用于产品多且变化大、单件或极小批量生产的大型产品或工程项目，特别适用于以开发与实验项目为主的企业或单位，如应用研究单位。在传统的工业企业中，主要适用于企业中涉及面广、多个部门参与的、临时性的、复杂的重大工程项目，如企业新产品开发、技术项目攻关等。

第二章　企业战略管理

第一节　企业战略概述

一、企业战略的概念及特点

（一）企业战略的概念界定

"战略"一词源于希腊语"Strategos"，其含义是"将军指挥军队的艺术"。1965年，美国经济学家安索夫（H. I. Ansoff）所著的《企业战略论》一书问世后，企业经营学中开始应用"企业战略"一词，从那时起，"战略"一词还广泛应用于社会、经济、文化、教育和科技等领域。在现代社会和经济生活中，这一术语被应用于描述一个组织打算如何实现其目标和使命。

对"企业战略"一词至今尚无统一的定义。菲利普·科特勒认为，当一个组织清楚其目的和目标时，它就知道今后要往何处去。问题是如何通过最好的路线到达那里。公司需要制订一个达成其目标的全盘的、总的计划，这叫作战略。迈克尔·波特认为，战略是公司为之奋斗的一些终点与公司为达到它们而寻求的途径的结合物。企业经营战略是企业根据内外部环境及可取得资源的情况，为求得企业生存和长期稳定的发展，对企业发展目标、达成目标的途径和手段的总体谋划。它是企业经营思想的集中体现，是一系列战略决策的结果，同时又是制订企业规划和计划的基础。战略就是确定目标并根据目标决定行动方向。有效的企业战略是目标与手段的有机结合。没有营销目标，就无从制定营销战略；没有营销手段，目标就无法实现，也就无所谓营销战略。因此，企业的营销战略，既要规定企业的任务和目标，又要围绕这些任务和目标的实现，确定营销计划和营销手段。

（二）企业战略的主要特点

（1）全局性。任何企业战略都是研究全局的谋划方案。所以，企业战略的确定应从整个企业的生存和发展去考虑。企业战略的全局性要求企业的决策者一切从大局出发，如果某项企业战略只对企业的某个部门有利，而不利于企业的整体发展，就不能采用。当然，重视企业战略全局，并不是排斥或忽视市场营销过程出现的局部问题。聪明的企业决策者，应从局部与全局、部分与整体之间的相互关系中对营销系统加以全面把握，使各个局部的营销战略与企业的整体战略得到协调发展。

（2）长远性。企业战略是着眼于企业未来发展的战略。因此，它首先要解决的就是对企业发展和长远利益产生重大影响的问题。企业战略的长远性，要求企业决策者必须放眼未来，对企业的经济运行环境及其发展规律具有清醒的认识，在把握全局的基础上，对企业进行长远谋划。实践证明，片面或盲目地追求企业短期利益，往往会造成企业发展战略上的失误。

（3）适应性。企业战略必须适应市场环境的变化。当市场环境发生变化时，企业的战略也需要做出相应调整，只有那些根据市场营销环境不断调整企业战略的企业，才能在激烈的市场竞争中处于较有利的地位。

（4）关键性。企业战略的关键性决定了它在市场营销中的地位。企业战略关系到企业的生存和发展，如果一个企业在战略上犯了错误，方向错了，战术再高明也于事无补。因此，在环境多变和竞争激烈的市场中，企业决策者要想使企业获得长期发展，就必须对企业战略给予足够重视，通过制定企业战略来统一营销活动的步骤，指明企业的发展方向，以获得最大的战略效益。

二、企业战略的构成要素及层次

（一）企业战略的构成要素

一般来讲，企业战略由以下四个要素组成。

1. 经营范围

经营范围是指企业从事生产经营活动的领域。它不仅反映企业目前与其外部环境相互作用的程度，还反映企业计划与外部环境发生作用的要求。对大多数企业来讲，他们应根据自己所处的行业、自己的产品和市场来确定经营范围。企业确定经营范围的方式可以有多种形式。从产品角度来看，企业可以按照自己产品系列的特点来确定经营范围，如半导体器件公司、机床公司等；也可以根据产品系列内含的技术来确定自己的经营范围，如计算机公司、光导纤维公司等。

2. 资源配置

资源配置是指企业过去或目前资源及技能配置的水平和模式。资源配置的好坏会极大地影响企业目标的实现程度，因而，资源配置又称为企业的特殊能力。

通常情况下，当企业面临重大的战略挑战时，大多数获得成功的企业会有三种反应：第一种，企业的经营范围和资源配置都发生了变化；第二种，企业的资源配置模式发生了变化；第三种，企业的经营范围发生了变化。而那些在重大战略挑战面前没有获得成功的企业，一般不会发生上述反应。这说明，当企业针对外部环境变化考虑采取相应的战略行动时，一般都会对已有的资源配置模式进行或大或小的调整，以支持企业总体的战略行为。

3. 竞争优势

竞争优势是指企业通过其资源配置模式与经营范围的决策，在市场上形成的与其竞争对手不同的竞争地位。竞争优势既可以来自企业在产品和市场上的地位，也可以来自企业对特殊资源的正确运用。

4. 协同作用

协同作用是指企业从资源配置和经营范围的决策中所能寻求的各种共同努力的效果。也就是说，分力之和大于各分力简单相加的结果，在企业管理中，企业总体资源的收益要大于各部分资源收益之和。

企业战略的构成要素对企业效能和效率的影响不同。效能是指企业实际产出达到期望产出的程度；效率是指企业实际产出与实际投入的比率，即实际的投入产出比。在企业战略的构成要素中，企业的经营范围、资源配置和竞争优势一般决定企业效能发挥的程度，而协同作用则是企业效率的首要决定因素。

（二）企业战略的不同层次

军事上习惯于用战略和战术来区分不同层次的决策。而在企业战略范畴内，通常将战略分为总体战略、经营单位战略和职能部门战略三个层次。

1. 总体战略

总体战略又称公司战略。总体战略是企业战略中最高层次的战略。其主要内容包括：公司的经营发展方向、公司各经营单位之间的协调、有形资源的充分利用、公司的价值观念和文化环境。从战略的四种构成要素的作用来看，经营范围和资源配置是总体战略中的主要构成要素，竞争优势和协同作用应根据企业的不同需要进行具体分析，其作用重要与否不能一概而论。总体战略具有如下特点：

（1）从形成的性质看，总体战略是有关企业全局性、发展性、整体性、长期性的战略行为。

（2）从参与战略形成的人员看，企业制定与推行总体战略的人员主要是企业的高层管理人员。

（3）从对企业发展的影响程度看，企业总体战略与企业的组织形态有密切的关系。当企业的组织形态简单、经营业务和目标单一时，总体战略就是该项经营业务的战略，即经营战略；当企业的组织形态为了适应环境的需要而趋向复杂化、经营业务和目标多元化时，企业的总体战略也相应复杂化，如形成多种经营战略等。

2. 经营单位战略

经营单位战略又称经营战略，是战略经营单位、事业部或子公司的战略。它在企业总体战略的制约下，指导和管理具体经营单位的计划和行动，为企业的整体目标服务。

经营单位战略主要是针对不断变化的外部环境，保证企业内各经营单位、事业部或子公司在各自的经营领域里有效地开展竞争。为了保证企业的竞争优势，各经营单位要有效地控制资源的分配和使用。同时，经营单位战略还要协调各职能层的战略，使之成为统一的整体。因此，从战略构成要素看，资源配置与竞争优势通常是经营单位战略最重要的组成部分。在多数情况下，经营范围与产品和细分市场的选择有关、与产品和市场的发展阶段有关，而与产品和市场的深度与广度的关系甚少。在这个层次上，协同作用显得更为重要，要对经营单位中不同职能领域的活动加以协调。

经营单位战略与总体战略有很大的区别。首先，两者的参与人员不同。总体战略形成的主要参与者是企业的高层管理者，而经营单位战略的主要参与者是相关的各事业部或子公司的经理。其次，两者的重要程度不同。总战略是有关企业全局发展的、整体性的、长期的战略计划，对整个企业的长期发展产生深远影响，而经营单位战略则着眼于企业中有关事业部或子公司的局部性战略问题，只能在一定程度上影响总体战略的实现。

3. 职能部门战略

职能部门战略又称职能层战略，是企业内主要职能部门的短期战略计划。职能部门战略能使职能部门的管理人员更加清楚地认识到本职能部门在实施企业总体战略中的责任和要求，有效地运用研究开发、营销、生产、财务、人力资源等方面的经营职能，保证达成企业目标。

从战略构成要素来看，协同作用和资源配置是职能部门战略的关键要素，而经营范围的重要性较低。协同作用是在单个职能中协调各种活动，并将这些活动联合起来。

职能部门战略是由企业职能部门的管理人员在总部的授权下负责制定的。首先，与企业总体战略相比较，职能部门战略主要用于确定和协调企业的短期经营活动，具有期限较短的特点；其次，职能部门战略能为负责完成年度目标的管理人员提供具体指导，使他们知道如何实现年度目标，比企业总体战略更为具体，具有具体性强的特点。

第二节 企业通用战略

一、公司层战略

公司层战略也称总体战略，是企业总体的、最高层次的战略，其研究对象是企业的整体，所要解决的问题是确定企业的整个经营范围和公司资源在不同经营单位之间的分配事项。常见的公司层战略有三种类型：稳定型战略、发展型战略及防御型战略。

（一）稳定型战略

稳定型战略是企业非快速的、稳定增长的一种公司战略。实施稳定战略的企业，战略期内的资源分配、经营状况基本保持目前状况和水平，经营方向、业务领域、市场规模、市场地位、生产规模等变动不大。

稳定型战略的基本特征是：第一，企业通常计划每年按一定的较低的比例增长；第二，企业通常满足于过去的收益，继续寻求与过去相同或类似的战略目标；第三，企业通常以基本相同或类似的产品或服务来满足顾客。

稳定型战略的优点是：企业能够保持战略的连续性，不会由于战略的突然改变而引起公司在资源分配、组织机构等方面的大幅度变动；企业经营风险小，能够保持公司的平稳发展。

稳定型战略的缺点是：企业容易错失外部环境提供的一些可以快速发展的机会，如被竞争对手利用这些机会加速发展的话，则企业将面临严重竞争威胁；企业管理者习惯于墨守成规、不利于刺激企业创新。

稳定型战略的适用范围：一般来说，稳定型战略适合于稳定增长中的行业或处于稳定环境中的企业。

（二）发展型战略

发展型战略也称增长战略，是企业追求快速发展的一种公司战略。实施发展型战略的企业通常表现为较快的增长速度（企业发展速度要比产品的市场需求增长速度要快或者高于同行业的平均发展速度），企业的创新较多，企业总是获得高于行业平均水平的利润，企业不是被动去适应环境，而是通过创新来努力改变环境，使外界适应它们自己。发展型战略具有较强的竞争性，常见的发展型战略有三种典型的子战略模式：即集中单一业务战略、一体化战略及多元化战略。

1. 集中单一业务战略

集中单一业务战略是指企业将绝大部分经营业务集中于一个业务或行业，并以快于过去的增长速度来增加销售额、利润和市场占有率的一种发展战略。集中单一业务战略的最大益处是可以实现规模经济，即当平均成本或单位产出成本随着生产的产品或服务的数量增加而下降的经济现象。规模经济主要来源于下列五个方面：第一，固定成本的分摊。即当固定成本一定时，产量越大，分摊到单位产品的固定成本就越少。第二，采购的经济性。即通过大批量采购而获得降低单位采购成本的好处。第三，营销的经济性。如广告费用及其他促销费用能够在更多的产品或服务中分摊。第四，储备存货规模经济性。即在缺货水平一样时，大业务量公司所必需的存货比例比小业务量公司要小，从而减少了大公司的存货成本。第五，研发的经济性。即单位研究开发成本随着规模或销售量的增加而递减。

集中单一业务战略把企业有限的资源集中在同一经营方向上，形成较强的核心竞争力；有助于企业通过专业化的知识和技能提供满意和有效的产品和服务，在产品技术、客户服务、产品创新和整个业务活动的其他领域开辟新的途径；有利于各部门制定简明、精确的发展目标；可以使企业的高层管理人员减少管理工作量，集中精力，掌握该领域的经营知识和有效经验，提高企业的经营能力。

2. 一体化战略

一体化战略是指企业利用社会化生产链中的直接关系来扩大经营范围和经营规模，在供、产、销方面实行纵向或横向联合的一种发展战略。一体化战略又可分为横向一体化（水平一体化）战略和纵向一体化（垂直一体化）

战略。

横向一体化战略是指为了扩大生产规模、降低成本、巩固企业的市场地位、提高企业竞争优势、增强企业实力而与同行业企业进行联合的一种战略。其实质是资本在同一产业和部门内的集中，目的是实现扩大规模、降低产品成本、巩固市场地位。企业同行业并购、企业国际化经营是横向一体化的表现形式。采用横向一体化战略，企业可以有效地实现规模经济，快速获得互补性的资源和能力。此外，通过收购或合作的方式，企业可以有效地建立与客户之间的固定关系，遏制竞争对手的扩张意图，维持自身的竞争地位和竞争优势。横向一体化战略也存在一定的风险，如过度扩张所产生的巨大生产能力对市场需求规模和企业销售能力都提出了较高的要求；同时，在某些横向一体化战略如合作战略中，还存在技术扩散的风险；此外，组织上的障碍也是横向一体化战略所面临的风险之一，如"大企业病"、并购中存在的文化不融合现象等。

纵向一体化战略是指企业将生产与原料供应，或者生产与产品销售联合在一起的战略形式，是企业在两个可能的方向上扩展现有经营业务的一种发展战略，也就是将经营领域向深度发展的战略。它包括前向一体化战略和后向一体化战略。

前向一体化战略是企业自行对本公司产品做进一步深加工，或者资源进行综合利用，或公司建立自己的销售组织来销售本公司的产品或服务。如钢铁企业自己轧制各种型材，并将其制成不同的最终产品；后向一体化则是企业自己供应生产现有产品或服务所需要的全部或部分原材料或半成品，如钢铁公司自己拥有自己的矿山；纺织厂自己纺纱、洗纱。

企业实施一体化战略主要的优点在于：第一，通过横向一体化战略，企业可以快速实现扩张发展，形成较强的规模经济优势；第二，通过后向一体化，企业能对所用原材料的成本、可获得性以及质量有更大的控制权，可以分享上游供应商的利润；第三，通过前向一体化，企业能够控制销售和分配渠道，有助于解决企业产品库存积压、生产产量下降的局面，还可以分享企业下游经销商的利润。

企业实施一体化战略主要的缺陷在于：第一，使企业规模变大，业务拓展需要较多投资，要求公司掌握多方面技术，从而带来管理复杂化，同时使日后脱离这些行业变得较为困难；第二，由于纵向一体化产品的相互关联和相互牵制，不利于新技术和新产品的开发；第三，会导致生产过程中各环节之间的生产能力不平衡问题。

3. 多元化战略

多元化战略是企业发展多品种或多种经营的长期谋划。多元化经营，就是企业尽量增大产品大类和品种，跨行业生产经营多种多样的产品或业务，扩大企业的生产经营范围和市场范围，充分发挥企业特长，充分利用企业的各种资源，提高经营效益。多元化战略又分为相关多元化战略和非相关多元化战略。

相关多元化战略是指公司进入与现有的业务在价值链上拥有战略匹配关系的新业务。非相关多样化战略是指公司增加与现有的产品或服务、技术或市场都没有直接或间接联系的大不相同的新产品或服务。如我国的海尔集团公司的发展走的是一条从相关多元化到非相关多元化的道路，从早期的冰箱业务，逐步到冰柜、空调、彩电、洗衣机、手机、电脑以及金融、房地产和药业。

企业采用相关多元化战略进入技术、生产、职能活动或销售渠道能够共享的经营领域，可以获得范围经济所带来的益处而使成本降低。所谓范围经济，是指两种或更多的经营业务在一个公司的集中管理下运作的总成本比作为独立的业务进行运作所发生的成本更低的经济现象。范围经济性主要来源于技术的匹配性、运营的匹配性、与销售和顾客相关的匹配性以及管理的匹配性四个方面。

在当今众多的大型企业中，实行多元化经营已成为一种发展趋势。企业实施多元化战略的优点主要有：第一，通过多种业务经营，可以分散经营风险，保障收益的稳定性，就好比"不把所有鸡蛋都放在同一个篮子里""东方不亮西方亮"；第二，企业转向具有更优经济特征的行业，可以增加企业利润点，改善公司的整体盈利能力和灵活性；第三，企业各业务部门可以充分利用公司在统一管理、统一营销、统一采购、统一研究与开发等方面的资源，获得协同收益。

企业实施多元化战略的主要风险在于：第一，企业规模快速扩大，业务多样化，从而带来管理上的复杂化以及技术困难化，经营风险加大；第二，企业多元化发展需要大量的投资，需要企业具备较强的资金筹措能力，同时企业的财务风险加大。

（三）防御型战略

防御型战略是企业应对市场可能给企业带来的威胁，采取一些措施企图保护和巩固现有市场的一种战略。常见的防御型战略模式有收缩、调整、放弃及清算策略。

（1）防御型战略的目的。防御型战略的目的恰恰与发展型战略相反，它不寻求企业规模的扩张，而是通过调整来缩减企业的经营规模。

（2）防御型战略的适用条件。第一，宏观经济严重不景气、通胀严重、消费者购买力很弱。第二，企业的产品已进入衰退期，市场需求大幅度下降，企业没有做好新产品的投入准备。第三，企业受到强有力的竞争对手的挑战，难以抵挡。第四，企业的高层领导者缺乏对市场需求变化的敏感性，面对危机束手无策，只能被动地采取防御战略；企业高层领导者面对困境，主动地选择前景良好的经营领域进行投资，实施有秩序的资源转移。

（3）防御型战略的实施。防御战略的实施通常分三个阶段进行：紧缩阶段：紧缩开支、节约原材料、缩小经营规模；巩固阶段：完善管理制度，提高管理水平，检讨市场营销；复苏阶段：推出新产品、改善企业形象，调整市场营销策略和实施计划，为彻底摆脱困境做好资源和财务上的安排。

二、基本竞争战略

竞争战略它所要解决的问题主要是在一个具体的业务或行业内，经营单位如何参与市场竞争并取得竞争优势的问题。企业某种业务有效地参与市场竞争并取得竞争优势的常见手段是利用价格优势和产品特色优势。常见的基本竞争战略主要有三种，即低成本战略、差异化战略和集中化战略。

（一）低成本战略

低成本战略也称总成本领先战略，是指企业通过有效途径降低成本，使企业的全部成本低于竞争对手的成本，甚至是同行业中最低的成本，从而获得竞争优势的一种竞争战略。

实施低成本战略的企业主要优势在于：从抵御新进入者的威胁来看，实施低成本战略的企业通常已建立起的巨大的生产规模和成本优势，造成新加入者的较大进入障碍；从抵御购买者讨价还价能力来看，实施低成本战略的企业握有更大的主动权，可以更好应对购买商的讨价还价；从抵御供应商讨价还价能力来看，实施低成本战略的企业同样有更大的余地来应对有很强议价能力的供应商；从抵御替代品威胁来看，实施低成本战略的企业往往比同行业中的其他企业处于更有利的地位；面对同行业现有企业的激烈竞争，实施低成本战略的企业，其低成本优势通常是很有效的法宝，可以从容面对残酷的价格战。

实施低成本战略的企业主要面临的风险在于：具有强大资本实力的潜在竞争者很可能后来居上；科学技术的发展进步，新工艺、新技术的创新，容易削弱低成本企业的竞争优势；企业管理者通常缺乏对市场变化的敏锐洞察力，易错失快速发展的机会。

现实中，企业实施低成本战略需要注意：第一，不能只重视制造活动的成本的降低，而忽视其他活动的成本降低，如采购、销售、物流等；第二，不能盲目过度降价削弱企业的利润率，应"恰如其分"地保持低成本优势，最大限度地获取企业长远收益。

（二）差异化战略

差异化战略也称别具一格战略，是指企业通过提供与众不同的产品和服务，满足目标顾客的特殊需求，从而形成竞争优势的一种竞争战略。这一战略试图使本公司的产品和服务与同行业其他企业的产品和服务有所区别，它强调高超的质量、非凡的服务、新颖的设计、技术性专长，或者不同凡响的品牌形象，而非产品和服务的成本。如一种独特口味的比萨饼、性能卓越的奔驰汽车、高质量制造的本田汽车、技术领先地位的索尼公司产品以及海尔公司的星级服务等。这一战略的基本假设是：消费者愿意为差异化的产品付出较高的价格。实施这一战略的企业需要有很强的市场运作能力、创造性的目光以及作为市场领导者的声誉。

实施差异化战略的企业主要优势在于：容易获取消费者对本企业特色产品或服务的高度忠诚，甚至成为一种消费习惯；利用本企业独具特色的、深受消费者喜爱的产品，使消费者缺乏与之可以比较的产品参照，从而降低消费者对价格的敏感度；企业通常具有较高的边际效益，能更好抵御供应商讨价还价的能力；利用消费者对本产品的忠诚，使得替代品无法迅速进入消费者的内心，即使替代品具有类似的性能、低廉的价格；消费者对本产品的忠诚可以对新加入者形成强有力的进入障碍。

实施差异化战略的企业主要风险在于：可能丧失部分客户；随着时间的推移，用户对产品差异的感知下降；大量的模仿对企业产生威胁；过度差异化导致管理难度和成本增加。

（三）集中化战略

集中化战略是指将企业的经营活动集中于某一特定细分的市场领域，通过为这个细分市场的购买者提供比竞争对手更好、更有效率的服务来建立竞争优势的一种竞争战略。集中化战略与低成本战略、差别化战略不同，低成本战略、差别化战略面向全行业，在整个行业的范围内进行活动。而集中化战略则是围绕一个特定的目标市场进行密集型的生产经营活动，要求能够比竞争对手提供更为有效的服务。公司一旦选择了目标市场，便可以通过产品差别化或成本领先的方法，形成集中低成本或集中差异化战略。

实施集中化战略的企业主要优势在于：集中化战略避开了在大市场内与竞争对手的直接竞争，所以对于一些力量还不足以与实力雄厚的大公司抗衡的中小企业来说，集中化战略可以增强他们相对的竞争优势，因而该战略对中小企业具有重要意义。即使对于大企业来说，采用集中化战略也能避免与竞争对手正面冲突，使企业处于一个竞争的缓冲地带。

实施集中化战略的企业主要战略风险在于：强大的竞争对手可能会后进入企业选定的细分市场，并采取优于企业的更集中化的战略；小市场中的顾客需求可能会与大市场中的一般顾客需求趋同，此时集中化战略的优势就会被削弱或消失；企业选择的细分市场非常具有吸引力，以至于各个竞争厂商蜂拥而入，瓜分细分市场的利润。

第三节　企业战略管理过程

企业战略管理是对企业的生产经营活动实行的总体性管理，是企业制定和实施战略的一系列管理决策与行动。也就是说，战略管理需要解决如何制定战略以及如何规划实施战略的问题。因此，可以认为战略管理包括三个部分：战略分析、战略选择和战略实施。战略分析在于明了企业所处的战略地位；战略选择在于制定可能的行动方案以及对这些方案进行选择和评价；战略实施则在于解决实施选定的战略时需要进行的资源规划及组织管理手段选择问题。当然，企业在实际战略管理中并不一定是按战略分析、战略选择、战略实施的顺序线性进行的。战略分析和战略选择密不可分，企业进行战略选择时往往需要重新进行战略分析，很多对环境态势的理解是在实施规划的过程中领悟的。总之，上述三个过程是不可分割的。

一、战略分析

战略分析的目的是明确企业的战略地位。由于战略是应付环境变化、进行生存斗争的措施和策略，制定战略的第一步就是进行战略分析，需要了解组织的生存环境正在发生什么变化，这些变化将对组织产生哪些影响，组织在应付环境变化中的实力和弱点有哪些，组织的经理、员工、股东等相关人员的愿望是什么以及他们在何种程度上对企业未来产生影响，等等。这些分析大体上可分为环境、资源和价值观三类。

（一）环境分析

社会化的企业要从社会上获得资源，要为社会生产或提供劳务，其生存完全依赖社会的接受。因此，政治、经济、文化以及技术、生态等宏观环境和行业环境因素无不对企业的生存和发展产生巨大影响。通过环境分析，可以筛选出各种有利于企业发展的机会，并发现各种不利于企业生存和发展的威胁，为正确制定和实施企业战略提供客观依据。

（二）资源分析

企业之所以能在复杂多变的环境中生存和发展，是因为企业拥有一定的资源。这些资源包括人力、物力、财力以及企业的历史、形象、声誉、商标等抽象资源。一个企业拥有的资源，奠定了企业目前的市场地位和未来发展的基础。对企业自身条件和现状及趋势分析，宜从过去取得的业绩和与竞争对手实力比较两个层次展开。过去取得的业绩，奠定了企业目前的市场地位和未来发展的基础；与竞争对手企业进行实力比较、对竞争对手未来发展方向进行分析，就会使企业在市场竞争中的强项和弱项激发出来，以便把握企业在市场竞争中的实力和弱点，为正确制定企业战略、编制经营计划提供科学依据。

（三）价值观分析

可供企业选择的战略是丰富多彩的，任何一个战略都有有利的一面，也有不利的一面。由于不同个人和不同群体的目标各异，其对战略的看法必然存在分歧。另外，组织中全体成员共同持有的信仰和企业文化对企业战略的形成也有重要影响。价值观分析就在于弄清上述文化因素及群体期望等因素对战略形成的影响以及在战略决策中必须考虑的社会力量，从而使战略制定有坚实的文化背景支撑，使之成为实际的而非空想的决策行为。

二、战略选择

战略选择主要包括战略方案的拟订、战略方案的评价和战略方案的选择三方面内容：

（一）战略方案的拟订

通过战略分析，管理人员会对企业所处的外部环境、企业自身的资源状况和能力以及利益相关者的期望有充分的了解，接下来的任务就是为企业选择一个合适的战略。战略选择是一个复杂的决策过程，它将涉及产品和服务的开发方向，进入哪一类型的市场，以怎样的方式进入市场等；在产品和服务方向确定以后，还要决定是通过内部开发还是外部收购来拓宽这些业务。在做这些决策时，管理人员应尽可能多地列出可供选择的方案，不要只考虑那些比较明显的方案。因为战略涉及的因素非常多，而且这些因素的影响往往不那么明显，所以，企业管理人员在进行战略选择时首先要形成多种战略方案，它是战略方案评价的基础和前提。

（二）战略方案的评价

提出多个战略方案后，管理人员应根据一定的标准对它们进行评价，以决定哪种方案最有助于实现组织目标。确切地说，首先要明确哪些方案能支持和加强企业的实力，并且能够克服企业的弱点；哪些方案能完全利用外部环境变化所带来的机会，同时又能使企业面临的威胁最小或者完全将其消除。事实上，战略评价过程不仅要保证企业所选战略的适用性，还需要其具有可行性和可接受性。前者意味着组织的资源和能力能够满足战略要求，同时外界环境的干扰和阻碍在可接受的限度内；后者意味着所选择的战略不致伤害利益相关者的利益，或者虽有这些障碍，但企业能够通过一定方式克服它们。

（三）战略方案的选择

战略选择是在具有适当性、可行性和可接受性的方案中选择一种或几种战略。一个战略的优点和缺点不是黑白分明、一清二楚的，优缺点会相伴而生、相互缠绕。巨大的收益往往伴随着巨大的风险，因而最后决策的制定是一项十分艰巨的任务。当然，战略选择并不是一个完全理性的过程，它实际上是一个管理测评问题。另外，它受人们的期望和价值观的强烈影响，因而它也可能是不同利益集团讨价还价的产物和不同观点的折中。但总的来看，战略选择本质上是一个对各种方案进行比较和权衡，从而决定较满意方案的过程。

三、战略实施

（一）战略实施的重要性

战略实施就是把制定的战略转化为具体行动的过程。企业战略制定之后，战略实施决定着企业管理的成败。战略制定与战略实施的不同搭配会产生四种结果，即成功、摇摆、艰难和失败。

在成功象限里，企业虽然不能控制企业外部的环境因素，但由于企业能够成功地制定与实施战略，企业的目标便能顺利地实现。在摇摆象限里，企业没能完善地制定出自己的战略，但执行这种战略时却一丝不苟。这时，企业会遇到两种不同的局面：一是企业能够很好地执行战略而克服原有战略的不足，或至少向管理人员提出了可能失败的警告；二是企业认真地执行了这个不完善的战略，结果加速了企业的失败。面对这两种局面，企业要及时准确地控制和调整战略，采取主动措施加以改进。在艰难象限里，企业有制定得很好的战略但实施得很差，这主要是由于企业管理人员过于注重战略的制定而忽视了战略的实施。在失败象限里，企业面临本身不完善的战略，又没有很好的执行。这时，企业管理人员很难把企业经营扭转到正确的轨道上，最终面临的是失败的结果。

由此可见，战略实施与战略分析、战略选择等战略制定工作同等重要。企业管理人员在制定战略时，简单地假定企业能够有效地实施这一战略的观念是不对的，必须对战略实施工作予以高度重视；同时，如果战略实施无效，也很难判断企业所制定战略的质量，这就要求企业在执行战略时，要及时从摇摆、艰难、失败象限中诊断出战略失败的原因，做好战略的执行、控制及调整工作，保证企业战略目标的实现。

（二）战略实施的工作内容

一般来说，战略实施包括战略执行、战略控制和战略调整三项工作。

1. 战略执行

战略执行是战略选择的继续。企业制定战略方案后，必须通过战略执行将制定的战略构想转化成战略行动。在这个转化过程中，企业主要执行三项工作：

首先，分解战略方案。将战略方案中规定的总目标在空间和时间上进行分解，使每一个部门、每一个人都明确自己在一定时期内的具体任务。

其次，编制执行计划。将原则性、纲领性的企业战略编制成具体的行动计划，明确每一个战略项目的内容、工作量、起止时间、资源保证、负责人等。

最后，及时进行组织机构的调整。组织机构是为实施企业战略服务的，企业应根据战略的要求及时调整机构，以适应战略的需要。

2. 战略控制

战略控制是战略执行的保证，是指监督战略实施进程、及时纠正偏差、确保战略有效实施、使战略实施结果符合预期目标的必要手段。

战略控制包括三个基本环节：一是确定战略评价标准，要以战略计划及其指标体系作为评价和控制战略执行效果的标准。二是收集实际执行结果资料。三是发现和纠正偏差。企业管理人员要将实际工作成果与评价标准进行对比，并分析产生偏差的原因，针对存在的问题，采取切实有效措施，纠正偏差。

3. 战略调整

企业的外部环境经常发生变化，可能导致制定的战略目标与实际发生偏差。当产生偏差的原因源自战略本身时，就要对战略进行调整或修订。

战略调整可按调整范围的大小分为两类：一是局部战略调整。这种调整按照影响战略的因素对战略进行局部性修改，而不涉及方向性变化，不影响战略全局。二是总体战略调整。这是当环境发生较大变化时，对涉及企业长期性、方向性的战略进行全局性调整，要慎重处理。

第三章　企业生产运作管理

第一节　企业生产运作管理概述

一、企业生产运作的内涵

生产运作是指根据营销职能的结果将输入转化为输出的过程，即创造产品或服务的活动。因此，生产运作职能是一切企业的基础或主体，是企业实力的根本所在。

生产运作作为一切企业的一项基本职能，与营销、财务等职能并列，但又处于基础地位。由于生产运作同时与其他职能相联系，因而，在对生产运作职能进行研究和管理时，必须考虑其他职能的特殊要求和约束，这样才能取得实效。

过去，生产运作主要是指生产，即物质实体或有形产品的制造。但随着社会经济的发展，服务业迅速发展，服务业在国家、世界社会经济中的地位越来越高，人们对服务业也越来越重视。这样一来，将有形产品的制造过程仍叫作生产，而将无形产品——服务形成的过程称为运作。虽然生产和运作两者之间有许多不同，但基本形式却是一样的，即"输入—转化—输出"。于是，传统的生产管理加上对服务过程的管理，便形成了生产运作管理，当前更一般化地称为运作管理。

将"输入—转化—输出"的过程视为一个有机整体，它是一个服从于特定目的的人造系统——生产运作系统，生产或提供顾客需要的特定产品或服务，并实现增值。生产运作系统包括输入、转化、输出、反馈等主要组成单元。

二、企业生产运作的类型

企业生产运作的类型，是指从对生产运作管理影响的角度，将生产运作系统分成的类别。每种类别都有一些明显的特点，了解和掌握它们，对搞好生产运作管理有很重要的作用。

1. 按输出的性质分类

根据生产运作系统的输出是有形的还是无形的，可将生产运作分为制造和服务。

制造与服务的一个非常重要的区别在于"生产"与"消费"是否同时进行。前者基本上是非同时性的，而后者则几乎是同时性的。这个重要区别又可派生一些具体的区别，例如：顾客是否直接干预生产运作活动？生产运作环境对顾客有否直接影响？生产运作的结果是否可以储存、运输、修理、更换？生产运作能力的利用率是高还是低？生产运作效率是高还是低？生产运作人员的技能范围是宽还是窄？这些使对制造和服务活动的管理有着明显的差别，如制造系统可远离顾客或市场，更关心成本因素、技术手段、自动化等；而服务系统则须靠近顾客，关心收益，考虑人的因素，要求更强的应变能力。

2. 按满足需求的方式分类

根据满足需求的方式，可将生产运作分为备货型生产运作、订货型生产运作、订装型生产运作。

（1）备货型生产运作，是根据对需求的预测来安排生产运作的内容、数量和时间，将其产出置于仓库，通过库存来随时满足顾客的需求。现在也常称此类系统为"推系统"，即将已有的产出"推"给市场或顾客，而无论他们的特殊需要是什么。

（2）订货型生产运作，是根据已接到的顾客订单来安排特定的生产运作内容、数量和时间，以满足特定顾客的特定需求。现在也常称此类系统为"拉系统"，即生产运作由市场或顾客直接拉动，在未得到具体顾客的需求前，不生产或不提供最终产品或服务，其实质是"定制"。

（3）订装型生产运作，是根据已接到的顾客订单来安排特定的最终产品的装配内容、数量和时间，以满足特定顾客的特定需求；其物料的采购或零部件的生产是按对需求的预测进行的，发生在具体最终产品或服务的订单到达之前。此类生产运作为订货型生产运作和备货型生产运作的综合，即"前拉后推"系统，在一定程度上克服了前两者的缺点。目前，新型的"大量定制"或"延迟制造"就采用此种生产运作方式。

三、企业生产运作管理

在一个企业中，同市场营销和财务管理一样，生产运作管理具有明确的职责，是管理的一个职能领域。认识到这一点很重要，因为人们经常把生产运作管理跟运筹学（Operational Research，OR）、管理科学（Management Science，MS）和工业工程（Industrial Engineering，IE）相混淆。它们的本质区别在于：生产运作管理是管理的一个领域，而 OR/MS 是各职能部门在制定决策时都会应用到的定量方法，IE 则属于工程专业。尽管负责生产运作的经理们需要用 OR/MS 的决策工具（如关键路线法），并处理许多 IE 方面的问题（如工厂自动化），但生产运作管理显著的管理职能使之区别于其他管理领域的职能。

生产运作管理与其他管理职能的关系表现为：

（1）会计师只有在了解库存管理、资源利用率和劳动标准的基础上才能计算出精确的成本数据，从而进行审核，作出财务报告。特别是成本会计师，必须了解准时化生产和现代集成制造的工作原理。

（2）财务经理可运用库存和生产能力的概念来确定需要投入的资金量，预测现金流量，对现有资产进行管理。进一步讲，企业在进行诸如工厂扩建或迁址这样的具体决策时，生产运作管理和财务管理两方面都要考虑。

（3）市场营销专家需要了解怎样运作，才能满足顾客订货条件，满足顾客对产品或服务的个性化要求以及进行新产品介绍。对服务行业而言，市场研究与提供服务往往是同时进行的，因此，生产运作管理与市场研究有着共同的目标。

（4）人力资源经理必须了解工作设置、工作标准与员工激励方案之间的关系，以及生产工艺要求工人掌握怎样的技术。

实际上，企业的生产运作、市场营销、新产品开发、财务和人力资源都是围绕企业的经营战略而运转、紧密地结合在一起的。

第二节　企业生产计划

一、生产计划的内涵

生产计划是任何一个组织生产活动的依据。现代化企业的生产是社会化大生产，企业内部有细致的分工和严密的组织体系，如果没有一个统一的计划站在企业全局高度来协调和指挥生产活动，企业就无法正常地开展生产经营活动。

根据不同组织层次管理目标，生产计划也分为不同的层次，每一层次都有不同的内容。长期生产计划是企业的最高层管理部门制订的计划，它涉及产品的发展方向、生产发展战略、技术发展水平，新生产设施的建造等。一般时间跨度为 3～5 年。中期计划是企业中层管理部门制订的计划，确定现有条件下生产经营活动应该达到的目标，如产量、品种、产值、利润等，具体表现为生产计划、总体能力计划和产品出产进度计划。一般时间跨度为 1～2 年。短期计划是执行部门编制的计划，确定日常生产经营活动的具体安排，常以物料需求计划、能力需求计划和生产作业计划等来表示。

二、大批量生产型企业年度生产计划制订工作

（一）大批量生产型企业年度生产计划制订工作流程

产品大批量生产型企业编制年度生产计划，一般分三个层次进行。第一个层次是测算总产量指标，第二个层次是测算分品种产量指标，这两层工作属于编制生产计划大纲的工作。最后一层是安排产品的出产进度，编制产品出产进度计划，整个工作的流程如图 3-1 所示。

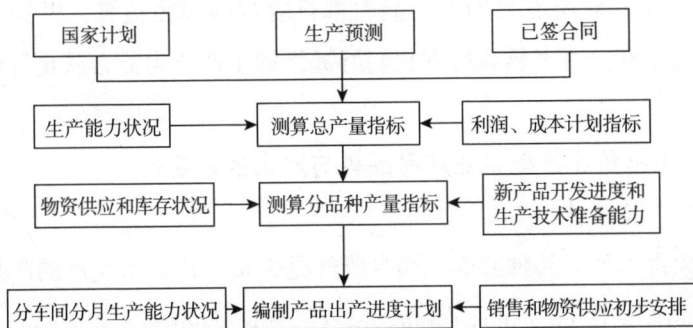

```
┌──────────┐      ┌──────────┐      ┌──────────┐
│ 国家计划  │      │ 生产预测  │      │ 已签合同  │
└──────────┘      └──────────┘      └──────────┘

┌──────────┐      ┌──────────────┐      ┌──────────────┐
│生产能力状况│─────▶│ 测算总产量指标 │◀─────│利润、成本计划指标│
└──────────┘      └──────────────┘      └──────────────┘

┌──────────────┐  ┌──────────────┐  ┌──────────────┐
│物资供应和库存状况│─▶│测算分品种产量指标│◀─│新产品开发进度和 │
└──────────────┘  └──────────────┘  │生产技术准备能力 │
                                    └──────────────┘

┌──────────────┐  ┌────────────────┐  ┌──────────────┐
│分车间分月生产能力状况│▶│编制产品出产进度计划│◀│销售和物资供应初步安排│
└──────────────┘  └────────────────┘  └──────────────┘
```

图 3-1　生产计划拟订流程图

测算总产量指标需要取得三方面资料。首先也是最主要的是计划年度内产品需求资料，这包括产品未来需求预测和已签订合同的用户订货。在这个阶段上，产品需求以总产量表示。其中也需要将供销售的半成品和各计划周期（季、月）的库存储备量考虑进去。在确定了总产量指标后，应对它们能否实现预期的利润进行核算检查，若达不到利润目标则应修改计划或提出新的计划成本（目标成本）来加以保证。这时可采用盈亏分析法进行分析计算。除此之外，还需检查企业的生产能力能否满足计划产量，若在现有资源条件下生产能力不能满足需求，则应制订出调节生产能力的计划。

测算分品种产量指标就是确定一个合理而有利的产品品种构成方案，以期在总产量指标控制数的范围内达到品种产量搭配的最佳化。这时应优先考虑增加品种以及新品种和新品种的产量。为此，在拟定这项指标时应检查新产品开发的进度和有关的生产技术准备情况，当然，更多的是考虑已有合同的用户订货和市场的需求。分品种产量的需求预测往往利用历史资料来做。制定总产量和分品种产量指标时的生产能力平衡核算，是按全年生产能力的

总量计算的，而且主要是检查关键设备（瓶颈）的能力是否足够满足需要。测算品种产量常用线性规划法。

编制年度生产计划大纲之后，需进一步将全年的产品总量或产品族产量任务按具体的产品品种、规格、型号分配到各季度、各月中去，形成年度的产品出产进度计划，以便具体指导企业的生产活动。为此，这层计划所强调的是现实可行。编制计划时应充分考虑销售计划的安排和物料供应的能力；同时，也有必要对所需要的生产能力进行较细的平衡核算，做到分车间甚至分设备大组和分月来核算检查它们所提供的生产能力能否满足计划任务的需要。

（二）大批量生产型企业产品品种与产量的确定

1. 确定产品品种

大量大批生产，品种数少，而且既然是大批生产，所生产的产品品种一定是市场需求量很大的产品，因此，没有品种选择问题。

对于多种批量的生产，则有品种选择问题。确定生产什么品种是十分重要的决策。确定品种可以采用象限法。象限法是美国波士顿顾问公司提出的方法，该方法是按市场引力和企业实力两大因素对产品进行评价，确定对不同产品所采取的策略，然后从整个企业考虑，确定最佳产品组合方案。

2. 确定产品产量

品种确定后，确定每个品种的产量，可以采用线性规划法。利用线性规划，可求得在一组资源约束条件下（生产能力、原材料、动力等）各种产品的产量，使利润最大。

（三）大批量生产型企业产品生产进度安排

在明确了产品品种与产量之后，如何安排产品生产进度也就是产品的出产时间，就要依据不同的企业类型来分别讨论了。大量、大批生产类型企业产品品种少、产量大。其中，有的企业（乙烯厂、电子元件厂等）产品可以直接供给用户，与用户之间形成了长期的、紧密的企业间同盟式供应链；有的企业（如制糖厂、粮油加工厂等）产品市场的需求比较稳定，与销售商之间也形成了一种稳固的同盟式供应链；有的企业（如电视机厂、水泥厂等）

虽然也属于大量生产型企业，但产品市场竞争激烈，波动性大，与销售商之间只能是一种松散型的供应链关系。对于这些不同的企业，需视具体情况，采用不同的生产进度安排方式。

1. 需求稳定时的产品生产进度安排

需求稳定，具有固定供应链关系的企业，其生产进度安排的总原则是均衡安排。所谓均衡安排，并不等于绝对相等，而是包含着相等和有规律的递增（或递减）。其主要有以下四种形式：

（1）平均分配形式。即将总体计划的生产任务等量分配，各季、各月的平均日产量相等。

（2）分期递增形式。即将总体计划的生产任务分阶段递增，而在每段时间内，平均日产水平大致相同。

（3）小幅度连续递增形式。即总体计划的生产任务在各月连续地、小幅度均匀递增。

（4）抛物线型递增形式。即将总体计划的生产任务按照开始增长较快，以后增长逐渐缓慢。

2. 需求变动时的产品生产进度安排

需求变动，松散型供应链的企业的生产进度安排有多种形式可供选择：

（1）均衡安排方式。该方式是使各月产量相等或基本相等，当产量大于销售需要时，将一部分产品作为库存储备起来，以供旺季需要；当产量小于销量需要时，则动用库存。这种方式有利于充分利用人力和设备，有利于产品质量的稳定和管理工作的稳定。它的缺点主要是成品库存量大、营运资金占用多。

（2）变动安排方式。该方式是各月产量随着市场销售量的变动而变动，基本上没有库存和脱销现象。其优点是节省库存保管费用、对市场的适应性好。其缺点是需要经常调整设备和人力，生产能力利用差，不利于产品质量的稳定，并要求较高的管理水平。

企业在对均衡安排方式和变动安排方式进行选择决策时，往往考虑三个因素：生产调整费（包括设备调整改装费用、调整引起的停工损失和废品损失等）、库存保管费（包括保管费、运输费、存储损失费等）、企业特点。其中，优先要考虑企业的生产特点。当企业的产品不宜长期储存（食品）时，宜采取变动安排方式；当采用变动安排损耗很大、调整费用很高、产品质量波动很大（如连续式生产的化工企业）时，宜采用均衡安排方式。

三、小批量生产型企业年度生产计划制订工作

（一）小批量生产型企业接受订货决策

单件小批量生产是典型的订货型生产，其特点是按用户订单的要求，生产规格、质量、价格、交货期不同的专用产品。它的产品品种繁多，而且不重复或很少重复生产，如炼油设备、大型船舶、高架环路、装配流水线等。

对于单件小批量生产，由于订单到达具有随机性，产品往往又是一次性需求，无法事先对计划期内的生产任务做总体安排，也就不能应用线性规划进行品种和产量组合上的优化。但是，单件小批量生产仍需要编制生产计划大纲。生产计划大纲可以对计划年度内企业的生产经营活动和接受订货决策进行指导。通常情况下，企业在编制大纲时，已有部分确定的订货，企业还可以根据历年的情况和市场行情预测计划年度的任务，然后根据资源的限制进行优化。单件小批量生产企业的计划大纲只能是指导性的，产品出产计划是按订单做出的。因此，对单件小批量生产企业，接受订货决策非常重要。

当用户订单到达时，企业要作出接不接、接什么、接多少和何时交货的决策，在作出这项决策时不仅要考虑企业所能生产的产品品种，现已接受任务的工作量，生产能力和原材料、燃料、动力的供应状况，交货期要求等，还要考虑价格是否能接受。因此，这是一项十分复杂的决策。

用户订货一般包括要订货的产品型号、规格、技术要求、数量、交货时间（D_c）和价格（P_c），在顾客心里可能还有一个最高可以接受的价格（$P_{c_{max}}$）和最迟的交货时间（$D_{c_{max}}$），超过此限，顾客可能会另寻生产厂家。

对于生产企业来说，它会根据顾客所订的产品和对产品性能的特殊要求以及市场行情，运用它的报价系统（计算机和人工）给出一个正常价格（P）和最低可接受的价格（P_{min}），也会根据现有任务、生产能力和生产技术准备

周期、产品制造周期，通过交货期设置系统（计算机和人工）设置一个正常条件下的交货期（D）和赶工情况最早的交货期（D_{min}）。

在品种、数量等其他条件都满足的情况下，当 $Pc \geq P$ 和 $Dc \geq D$ 时，订货一般会被接受。接受的订货将列入产品出产计划。$P_{min} > Pc_{max}$ 或者 $D_{min} > Dc_{max}$，订货一定会被拒绝。若不是这种情况，就会出现很复杂的局面，需经双方协商解决，结果是可能接受，也可能拒绝。较紧的交货期和较高的价格，或者较松的交货期和较低的价格，都有可能成交。符合企业产品优化组合的订单可能在较低价格下成交，不符合企业产品优化组合的订单可能在较高价格下成交。

从接受订货决策过程可以看出，品种、数量、价格与交货期的确定对单件小批量生产型企业非常重要。

（二）小批量生产型企业产品品种与价格的确定

1. 确定产品品种

对于订单的处理，除了即时选择的方法，有时还可将一段时间内接到的订单累积起来再作处理，这样做的好处是，可以对订单进行优选。对于小批量生产也可用线性规划方法确定生产的品种与数量。对于单件生产，无所谓产量问题，可采用 $0 \sim 1$ 型整数规划来确定要接受的品种。

2. 确定产品价格

确定价格可采用成本导向法和市场导向法。成本导向法是以产品成本作为定价的基本依据，加上适当的利润及应纳税金得出产品价格的一种定价方法，这是从生产厂家角度出发的定价法，其优点是可以保证所发生的成本得到补偿。但是，这种方法忽略了市场竞争与供应关系的影响，在供求基本平衡的条件下比较适用。市场导向法是按市场行情定价，然后推算成本应控制的范围。按市场行情，主要是依据具有同样或类似功能产品的价格分布情况，再根据本企业产品的特点，确定顾客可以接受的价格。按此价格来控制成本，使成本不超过某一限度，并尽可能小。

对于单件小批量生产的机械产品，通常采用成本导向定价法。由于单件小批量生产的产品的独特性，它们在市场上的可比性不是很强。因此，只要考虑少数几家竞争对手的类似产品的价格就可以了。而且，大量统计资料表明，机械产品原材料占成本比重的 60%～70%，按成本定价是比较科学的。

由于很多产品是第一次生产，而且在用户订货阶段，只知产品的性能、容量上的指标，并无设计图纸和工艺，按原材料和人工的消耗来计算成本是不可能的。因此，此类产品往往采取类比的方法来定价，即按过去已生产的类似产品的价格，找出同一大类产品价格与性能参数、重量之间的相关关系，来确定将接受订货的产品价格。

（三）小批量生产型企业产品生产进度安排

对于订货型生产，企业在编制总体计划时，往往只能肯定一部分订货项目，大部分任务还不能确定，因此，企业在安排进度时，应把握其原则和方法。

1. 产品生产进度安排原则

（1）一般原则。①先安排已明确的任务，还没有明确的任务可按概略的计算单位做初步安排。随着订货的落实，再通过季度、月度计划调整。②当最终产品和主要组成都比较特殊时，可采用类似于标准组成组合的方法，主生产计划以主要原料或基本组成为对象来制定。③要考虑生产技术准备工作进度与负荷的均衡，保证订货按期投放生产，并要保证使设备、人员的生产能力均衡。

（2）出产期与交货期的确定。出产期与交货期的确定对单件小批量生产十分重要。交货期设置过松，对顾客没有吸引力，还会增加成品库存；交货期设置过紧，造成误期交货，会给企业带来经济损失和信誉损失。

2. 产品生产进度安排方法

（1）常数法。

$$D_i = R_i + K$$

式中：D_i——产品（工件）i的完工期限；

R_i——产品（工件）i的到达时间或准备就绪时间；

K——固定常量，对所有产品都一样，由经验决定。

常数法建立在所有产品从接受订货后的生产技术准备与生产制作所花的

时间都是一样的假设基础上。显然，该方法比较粗略。

（2）随机法。

$$D_i=R_i+E_i$$

式中：E_i——随机数。

其余符号同前。

随机法是指交货期是按顾客要求决定的，因而具有随机性。

（3）总工时衡量法。

$$D_i=R_i+KP_i$$

式中：K——系数，由经验确定，一般取3～8；

P_i——产品（工件）的总工作量；

其余符号同前。

总工时衡量法考虑了不同的工作量，在实际中用得较多。

（4）差异法。

$$D_i=R_i+KP_i$$

式中：K——固定常量。

差异法将产品的总工作量分离出来，体现了不同产品之间的差别。

对于单件小批量生产，设置交货期不仅要考虑产品从投料到出产之间的制造周期，还要考虑包括设计、编制工艺、设计制造工装和采购供应原材料等活动所需的生产技术准备周期。

第三节　企业新产品开发

一、新产品概述

（一）新产品的概念

新产品一般是指通过采用新材料（新元件）、新技术原理或新设计构思，使产品在结构、材质、加工工艺、性能或功能等的某个方面或某几个方面与老产品有着本质不同或者显著差异的产品。

新产品一般具有以下一项或多项特征：具有新的原理、新的设计构思；采用新的材料或元器件；选用新的加工工艺和技术；具有新的结构、新的形态或式样；具有新的功能或新的用途；具有其他新的特性或特征。

实践证明，大量的新产品是在原有产品的基础上不断改进发展起来的。这是新产品开发的一条客观规律。在开发新产品、改进老产品的过程中，要特别重视技术的继承性，改进老产品的不适应、不合理的部分，保留其适应部分。

（二）新产品的分类

新产品是一个相对的概念，它与老产品之间没有绝对的分界线。根据新产品的性能、结构等特点，新产品可分为以下四种类型：

1. 全新型新产品

全新型新产品是指采用新原理、新结构、新技术、新材料、新工艺制成的前所未有的崭新的产品。这类新产品是在基础研究成果的基础上通过应用研究而发展起来的新产品，或者是几项技术的综合，是技术上的重大突破。全新型新产品的开发需要投入大量的人力、物力和财力，且需要经历相对长的开发周期，这对绝大多数企业来说，是件不容易做到的事情。调查表明，全新型新产品只占所有新产品的 10% 左右。

2. 革新型新产品

革新型新产品是模仿国内外已研制出来的新产品，根据消费者的需要，重新采用各种科学技术进行较大革新、改造后的产品。革新产品的特征与价值，并不在于要改变或增加产品的使用功能，而在于影响或改变人们使用这种产品的习惯和方式，突破产品使用的时空限制。此类产品占全部新产品的 20% 左右。

3. 改进型新产品

改进型新产品是对已投入市场的现有产品进行性能改良，以提高其使用质量的产品，这类产品的特征大多表现为产品使用功能的改进、规格型号多样化和花色款式的翻新。这类产品一旦进入市场，比较容易被消费者接受，也容易被竞争者所模仿。大多数企业实际上着力于改进现有产品，而不是创造一个新产品。这类产品占全部新产品的60%左右。

4. 换代型新产品

换代型新产品是指在原有产品的基础上，不改变基本原理，只是部分采用新技术而制造出来的，适合新用途、满足新需要的产品。这类新产品的性能有较大提高，并具有新的功能，一般占全部新产品的10%左右。

（三）新产品开发的意义

企业的成功首先在于产品开发的成功，新产品开发对于企业的兴衰存亡，具有十分重要的意义。

（1）新产品开发是企业生存的基础。企业存在的根本就在于为社会提供产品，企业生产经营活动的目的必须通过生产和销售一定的产品来实现。因此，企业的一切管理活动都是围绕着产品的生产和销售而展开的，企业只有不断地开发适销对路的新产品，才能够生存下去。

（2）新产品开发是增强企业活力的条件。增强企业活力有很多条件，其中最重要的一条就是新产品开发。只有当企业不断地开发新产品、改造老产品、开拓新市场时，企业才会有奋发前进的活力。如果一个企业的产品几十年不变，那么它的生产、技术、经营活动就会失去活力，就不会有稳定的发展。

（3）新产品开发是提高企业竞争力的手段。随着科学技术的发展和人民生活水平的提高，新产品不断涌现，消费者对产品的要求也越来越高。企业只有通过加强新产品的开发，才能适应瞬息万变的市场需求，才能在激烈的市场竞争中取胜。

（4）新产品开发是企业提高经济效益的重要途径。任何成功的新产品都必须在经济效益或社会效益方面明显优于老产品。新产品可以降低制造成本、降低材料和能源消耗、节约使用费用、提高使用者的生产效率、减少环境污染等。

总而言之，开发新产品可以为企业带来巨大的经济效益和良好的社会效益。

二、新产品开发的方式、条件、原则及趋势

（一）新产品开发的方式

1. 自行研制

自行研制是指企业依靠自己的力量，根据现有产品的状况，创造性地研制出具有特色的新产品。采用这种方式开发的一般是更新换代或是全新产品。它要求企业有较强的技术力量，要花费很多的资金和人力，适用于大中型企业。

2. 技术引进

技术引进是指企业通过引进市场已有的成熟技术而开发的新产品。这种方式投资少、见效快，可以较快地掌握产品制造技术，以节约科研经费和人力，缩短与先进企业的技术差距，是企业常用的一种方式。

3. 研究与引进相结合

这种方式可以在充分消化引进技术的基础上，结合本企业特点进行某些创新；也可以在充分利用本企业技术的基础上，引进某些新技术，以弥补自己的不足。

（二）新产品开发的条件

1. 科技队伍

人是一切社会经济、科技活动的主体。企业开展产品开发必须具有一定数量和质量、结构合理的科技人员群体。既要有高级研究人员作为项目的带头人，又要有中级科技人员作为攻坚的骨干，还要有一定数量的初级技术人员做好一般技术工作。

2. 科研场所

一定规模的试验场所是企业开展科研开发的必备条件。一项新技术、新产品的问世，要有一个小试、中试直至正式批量生产的过程。因此，企业的科研部门既要充分利用企业生产部门的设备、加工条件、场地等有利条件，又要建设一个自己的试验基地和场所。

3. 技术装备

技术装备水平是衡量企业科研开发能力的重要标志，而且技术装备品种

多、维修复杂、购置费和使用费昂贵，因此，要进行有效的管理。

4. 科技情报

科技情报是科研开发活动的原料和基础。科学技术的重大突破都是建立在丰富的科技情报基础上的。因此，企业要合法的前提下尽可能广泛地收集、掌握情报资料，以借鉴前人和他人的经验教训，避免不必要的重复研究。

5. 科研经费

科研经费是从事科研开发的重要条件，它决定着科研活动的空间规模和时间的持续性。企业应通过争取政府拨款、企业自筹、接受委托的科技合同收入、银行贷款等多种途径，扩大资金来源。

总之，只有在人员、场所、装备、情报、资金上提供必要的条件，企业才能搞好科学研究，把握好产品的开发时机，做好技术储备，确保产品的先进性和市场竞争能力，使企业立于不败之地。

（三）新产品开发的原则

为了提高新产品开发的成功率，降低风险，取得较好的经济效益，新产品开发应遵循以下基本原则。

1. 符合国家发展战略和技术经济政策

国家的社会经济发展战略是指导一切经济工作、生产活动、消费活动的总纲。新产品开发项目的选择必须符合国家经济发展战略的产品要求，特别是国家发展急需的、无法靠进口解决的、需要填补空白的重要新产品项目。只有这样，产品开发才能有的放矢，所开发的新产品才有持久的生命力。

国家为促进技术进步和经济发展，在不同历史时期制定了相应的技术经济政策和产品发展战略，这是确定新产品开发的重要依据。另外，国家要求在开发新产品时，重视资源的合理开发和利用以及对生态环境的保护。

2. 符合社会需要和市场需要

新产品开发必须在国家经济发展战略指导下，以社会和市场需要为出发点，不仅要考虑当前的国内外社会和市场需求，还要考虑这种需求的变化、流向和发展趋势。一般来说，科技进步、人口发展及构成比例、消费水平、消费习惯、消费结构、文化变迁等因素都会引发社会和市场需求的变化。因此，新产品开发要进行广泛的社会和市场调研，研究消费者的新需求和潜在需求，把握市场的变化趋势。只有这样才能科学地确定新产品的开发方向，使新产品的品种、质量、性能、功能等能满足消费者的新需求或潜在需求。

3. 坚持技术先进性与经济合理性的统一

技术先进性是新产品的主要特征。但是这种技术先进性要符合我国国情，有利于原材料的供应，符合消费者的购买水平和消费习惯等。所谓经济合理性，就是要求新产品能够在尽可能降低研究开发、设计与制造费用的条件下，实现批量生产，力求功能最大、成本最低，使新产品价廉物美，同时降低使用成本。企业在新产品开发中，必须兼顾两者，坚持两者的平衡统一。

4. 符合标准化要求，有利于制造和使用

新产品开发从一开始就要考虑到便于组织社会化大生产，符合标准化、系列化、通用化的要求，这是开发新产品的技术保证和有效措施。新产品开发过程中实行标准化、系列化、通用化，可以保证新产品的质量、使用效果和使用寿命，对合理简化产品品种、改进产品结构、减少工艺工装设计与制造工作量、缩短新产品生产周期和降低费用等具有重要意义。对于出口的新产品，不仅要符合我国的质量标准，还必须与进口国的标准或国际标准相一致。开发新产品不能停留在样品、展品阶段，要能成批地生产出来，以满足社会需要。因此，在新产品开发时要考虑到有利于制造，如新产品的工艺性要好；形状、精度规定得要合理，便于加工制造，提高效率；新产品制造工艺要便于采用先进的加工方法和生产组织管理形式等。同时，新产品要便于消费者和用户使用，如操作方便、安全可靠、易于维修保养等。

5. 要充分利用企业现有的条件和资源

新产品开发必须从生产企业自身的实际情况出发，尽可能地利用和发挥本企业的优势和特长，并要充分考虑到企业开发所选定新产品的能力及生产可能性，包括技术力量、生产设备、企业素质、管理水平等。在引进先进技术时，要根据本企业的实际情况，有目的、有选择地引进，要尽量引进专利技术、用国内的原材料和元器件自己制造，做到仿中有创，创中有仿，仿创结合，努力开发有特色的新产品，以保持企业强大的市场竞争力。

（四）新产品开发的趋势

根据市场发展的动向，新产品呈现如下趋势：

1. 多功能化、高功能化

多功能化是指增加产品的功能，一物多用。高功能化是指产品向高效率、高质量方向发展。如手表现在已不是单纯的计时工具，而是多功能的信息传载器。

2. 微型化、轻型化

微型化、轻型化是指在产品基本性能不变甚至提高的条件下，缩小体积、减轻重量。如计算机的微型化、轻型化。

3. 多样化

多样化是指生产多品种、多型号、多档次的产品，注重产品的特色，以满足消费者多层次、多样化的需求。

4. 系列化

系列化是指根据产品在使用上的联系，将相关产品组成系列。如家具、家用电器、化妆品、餐具等，均可形成系列。

5. 简易化、公益化

简易化是指新产品应结构简单，操作维修方便，自动化程度高。傻瓜照相机是简易化的最好范例，既提高了功能，又简化了操作。公益化是指新产品要有利于节省能源和材料，在生产和使用过程中无污染，不产生公害。

6. 美观化、舒适化

美观化、舒适化是指新产品应能给消费者带来健康、愉快和享受，要从营养、美观、舒适等方面满足消费者的需求。

三、企业新产品开发的组织与计划

新产品开发是一项艰巨复杂、系统性很强的工作，它涉及技术、人员、资金、国家的法律政策等方面以及企业内部、外部的众多部门和机构。因此，企业的新产品开发工作必须遵循客观规律，按照一定的开发程序有组织、有计划、有步骤地进行。在开发过程中，要对涉及的各个部门和各种因素进行有效组织、协调和控制，把各方面的工作有机地结合起来，才能保证新产品开发的顺利完成。

（一）企业新产品开发的组织

1. 企业新产品开发的常见组织形式

为了有效地领导新产品的开发工作，企业必须结合实际情况，建立新产品开发的组织机构。目前，我国工业企业新产品开发的组织形式大体上有以下两种：

（1）职能管理与开发设计合二为一的组织形式。即在总工程师或技术副厂长领导下设技术科，技术科既负责新产品开发的组织、计划、管理工作，又负责新产品的开发设计及日常的生产技术业务工作。这种组织形式一般只适用于新产品开发项目较少，而且开发的产品比较简单的企业。

（2）职能管理与开发设计分立的组织形式。企业设立技术科负责技术管理工作，另外专门设立从事新产品开发的科研所（室），负责新产品的科研、设计和试制。这种形式更有利于促进新产品的研究与开发，推进企业产品的更新换代。

2. 企业新产品开发组织机构的职责

（1）提供新产品开发的决策依据并参与决策。

（2）参与制定新产品开发的长期规划和开发研制计划。

（3）组织、指挥、监督新产品的设计和试制。

（4）完成新产品投产前的各项准备工作并参与市场开发活动。

（5）按新产品开发计划协调企业各部门的活动。

（6）组织对新产品的评审和鉴定等。

（二）新产品开发计划内容

新产品开发计划主要包括以下内容：

1. 计划目标

计划目标是企业预定计划期内新产品开发应达到的目标。其内容包括开发研究的新产品项目、开发成功的项目的数量、投入试制的新产品的品种数量以及新产品应达到的技术水平等。同时，还应明确新产品的销售目标、利润目标等经济效益方面的内容。

2. 计划依据

计划依据主要是对企业内外部环境的分析。通过对企业外部环境的分析，提出新产品开发的必要性，主要包括计划期内市场对新产品的需求情况、价格接受能力、技术发展趋势的预测、竞争对手的情况、国家有关政策的分析等。通过对企业内部条件的分析，说明新产品开发的可能性，包括对企业内部人力、物力、财力、技术能力以及原材料、设备供应等方面的分析。

3. 计划措施

计划措施是指达到新产品开发计划的目标所需物质技术的保障措施。主要说明新产品开发研究、设计、试制等所需要的人、财、物的来源及保证程度。

4. 开发方式

计划中要明确新产品的开发方式，是独立研制，还是技术引进，或是自行研制与技术引进相结合；是本企业自行研制，还是开展各种形式的横向联合研制等。

5. 计划进度

主要是按计划中的新产品项目来安排各个开发阶段的日程进度，以及保证该日程要求的相应工作的进度。

6. 明确责任

新产品开发过程中的每一项独立的工作及每一项配套保障措施，都要在计划中明确负责单位和负责人，涉及若干单位的任务，要明确主要负责单位和负责人，以及他们各自的责任和各单位之间的协调关系。

在企业新产品开发计划的基础上，应分别编制分产品的开发计划和分部门的新产品开发计划。分部门的新产品开发计划包括新产品研究计划、设计试制计划、生产技术准备计划和市场开发计划等，逐级、逐步把新产品开发工作分解并落到实处。

计划工作是新产品开发管理活动的重要内容，在新产品开发计划制定的过程中应广泛采用现代管理方法。

四、企业新产品开发的程序

企业开发新产品，既要准确地预测市场的需求、盈利的可能性及产品的发展前景，又要解决许多科学技术和生产经营管理问题，做好一系列准备工作和组织工作。这是一项艰巨且伴随风险的工作。从根据市场需求提出新产品开发设想到新产品批量生产投放市场为止，需要经历许多阶段，各阶段之间相互衔接形成新产品开发的程序。由于产品之间存在差异，不同类型的新产品开发程序中的各个阶段和具体内容也不尽相同。对于采用自行开发方式开发加工装配型新产品，其典型程序一般由以下六个阶段组成。

（一）新产品调查

开发新产品的目的，是满足社会和用户的需要，用户的要求是新产品开发决策的主要依据。因此，必须组织人员搞好调查研究工作。调查的内容主要包括技术调查和市场调查两个方面。

1. 技术调查

（1）搜集国内外的技术情报，了解有关产品的技术状况和发展趋势，预测未来可能出现的新技术、新工艺、新材料。

（2）调查了解用户的需要，包括潜在需要。了解用户对产品性能、用途方面的要求以及可能接受的价格范围。

（3）调查本企业的开发能力、技术状况，预测本企业新产品开发可能达到的技术水平。

企业通过调查掌握第一手资料，并在此基础上进行综合分析，制定出切实可行的新产品开发的技术方案。

2. 市场调查

开发、研制适合用户需要的新产品，在技术调查的同时，还必须做好市场调查。市场调查就是要了解国内外市场对产品品种、规格、数量、质量、价格等方面的要求，从而根据需要来开发新产品。

（1）了解掌握同类产品（包括可替代产品）在市场上的状况。要搜集同类产品的实际销售量、价格、销售环节及销售量的分配，消费者对产品的反映等情报。

（2）整理情报，对市场作出评价。根据对国内外市场同类产品的情报数据的整理和分析，研究同类产品在市场上所处的时期，预测市场可能发生的变化和本企业新产品的发展前景。

（3）根据上述预测及对品种、质量、规格、价格等的分析，制定新产品开发的品种方案。

（二）新产品的构思创意

新产品的构思创意是新产品孕育、诞生的开始，是发明创造的实质性的一步。企业新产品开发的构思创意主要来源于以下四个方面：

（1）消费者。开发新产品的目的是满足消费者的需要，消费者对产品用途、结构等方面的要求理所当然是新产品开发构思创意的主要来源。

（2）本企业职工。企业的工程技术人员、管理人员和工人对本企业的技术水平、生产技术条件最清楚，而销售人员和技术人员最接近消费者，最了解老产品存在的问题和消费者的需求趋向。因此，他们的意见和建议对新产品的构思创意具有重要意义。

（3）专业科研人员。专业科研人员具有比较丰富的专业理论和技术知识，往往具有技术上的先进性，并能在一定程度上主动引导、促进消费者的需要，企业要鼓励他们发挥专长，为企业提供新产品开发的创意。

（4）科技情报和竞争产品等。了解科学技术的新发明、新技术，引发出新产品的构思创意；客观分析竞争产品的成败之处，从中找出突破点和灵感；企业还可以通过适当渠道，征集开发新产品的构思创意。

新产品的构思创意方案提出后，要进行科学的评价和筛选，找出最佳的构思创意，进行新产品开发。

（三）新产品的先行开发

新产品先行开发的主要工作是新产品的基本设计，就是根据初步入选的构思创意方案，提出新开发的产品在结构、性能、可靠性、经济性等方面的总体设想，并形成若干较为具体的新产品开发方案，从这些方案中相互比较、反复评选，得出最佳方案。

新产品开发方案决定之后，要编制设计任务书。设计任务书的内容比开发方案更具体、更系统。包括开发新产品的理由、产品的用途和使用范围、与国内外同类产品的比较分析以及新产品的结构、特征、技术规格等。设计任务书履行必要的审批手续后付诸实施，进入新产品设计阶段。

（四）新产品的设计与试制

新产品设计是指按新产品设计任务书的要求，以产品性能研究为主要工作内容，从明确新产品设计任务到确定新产品的具体结构的一系列计划、组织、实施工作，一般分为以下三个步骤：

（1）初步设计。初步设计一般是为技术设计做准备。主要任务是对新开发的产品结构方案、组成整机的零部件以及与之相关的新原理、新工艺等方面进行专题试验研究，或进行模拟实验，以取得一批技术设计时必要的技术参数；或通过试验证实某些方案实现的可能性，并为新产品的设计规范、设计算法及安全系数等提供科学上的依据。在初步设计阶段还要画出产品的结构草图，确定产品各组成部件和组件以及它们的结合方式和尺寸。

（2）技术设计。技术设计是新产品的定型阶段。它是在初步设计的基础上，确定新产品的各个部件和组件的详细结构、尺寸及其配合关系和技术条件，计算结构和零件的技术参数；制定产品验收或交货的技术条件；画出产品总图、结构装配图及其他技术图样；计算新产品的主要技术经济参数，对新产品进行技术经济分析，并检查其性能、成本是否达到产品开发方案的要求。技术设计完成后，还要组织有关部门对新产品结构的先进性、工艺性和使用操作性进行审查，改进设计。

（3）工作图设计。工作图设计是新产品设计的最后一步，其任务是提供试制和生产所需的全套图样及试制、生产和使用所需的全部技术文件。

新产品的试制和鉴定是对新产品设计质量及工艺性的检验与评价，包括样品试制和小批试制。样品试制的目的是考核新产品的设计质量，考验新产品的结构、性能及主要工艺，验证和修正设计图样，使产品设计基本定型，同时也要验证产品结构工艺性，审查主要工艺上存在的问题。设计人员要做好有关样品试制、样机试验的详细记录，并根据试制和试验结果对原设计进行必要的修改或重新设计。小批试制的工作重点在于工艺准备，主要目的是考核新产品的工艺，检查图样的工艺性，验证全部工艺文件和全部工艺装备，并对设计图样再一次进行审核修改。通过小批试制，为新产品生产定型和正式生产做好充分准备。

（五）市场投放试验

有些工艺简单的新产品，经过样品鉴定后，即可进行工艺准备，投入批量生产和投放市场。但对多数新产品而言，还需要通过试用或试销检验。

试用是请用户直接试用样品，企业跟踪观察，及时收集试用情况、改进意见、用户的使用习惯和偏好，以及用户对新产品的包装、装潢、商标设计等方面的要求。

试销是将新产品及其商标、装潢、广告和销售服务的组织工作置于一个小型市场环境中，实地检验市场用户的反应。

通过试用和试销得到的第一手资料，是进一步改进新产品的设计、进行产品定型以及制定销售策略的重要依据。

（六）新产品正式生产与市场销售

经过上述五个阶段的工作，新产品可以定型并正式投入批量生产。在正式投产之前，企业还要进行大量的生产技术准备工作，包括设备、工艺、工装、工具、动力、材料、人员培训等。

新产品投放市场，必须以试用试销过程中取得的信息为依据，制定出有效的营销组合策略，以便以最快的速度进入和占领市场，迅速进入产品寿命周期的成长期并达到一定的市场占有率。

新产品投放市场后，还要进行市场销售状况、产品发展前景、竞争形势和产品收益性等方面的全面的、系统的分析，并与原计划目标进行比较，寻求进一步改进新产品的设计和营销策略的措施，以达到新产品开发的最佳效益。

五、新产品开发策略

新产品开发策略主要是针对产品的生命周期，研究产品的不同发展阶段的新产品开发的规律，以指导新产品的开发。

（一）产品寿命周期的阶段

由于科技进步和生活水平的不断提高，社会对产品的要求也日益提高。企业为了适应市场竞争的需要，必须不断开发新产品以取代那些衰退和即将衰退的产品，否则就不可能持久地立足于市场。因此，研究产品寿命周期问题，便成了一项事关企业生存和发展的重大策略问题。

1. 产品寿命周期及其各阶段的特点

产品寿命周期是指产品的经济寿命（不同于产品的自然寿命和使用寿命），也就是指产品从投入市场到退出市场所经历的时间。由于科技进步和市场竞争，产品寿命周期有日益缩短的趋势。产品寿命周期一般包括四个阶段，即投入期、成长期、成熟期和衰退期。产品寿命周期主要是根据产品的销售量（额）来衡量的。以时间为横坐标，销售量（额）为纵坐标，则产品寿命周期表现为一条 S 形曲线。

（1）投入期。投入期是指产品由试制转为小批生产，开始进入市场试销的阶段。在这个阶段，由于产品性能、质量不稳定，销售渠道不够畅通，消费者对产品不太了解，所以销售增长缓慢且不稳定，一般难以提供理想的利润，个别还可能产生亏损。所以，企业在此阶段的任务主要是发展和建立市场对产品的需求，应集中力量提高质量、完善性能、扩大宣传、积极占领市场，使产品迅速进入成长期。

（2）成长期。成长期是指新产品开始被消费者接受，销售迅速增长的阶段。由于销售量的增加，单位产品成本下降，产品利润率升高。竞争者被日益增长的市场所吸引，竞争产品也将相继投入市场，销售量的增长将减慢。成长期是决定性阶段，企业务必采取措施，促使产品高速成长并进入成熟期。

（3）成熟期。成熟期是产品的主要销售阶段。这时产品已经享有声誉，占有一定市场，企业为开发新产品和推销所支付的投资已全部收回，利润达到最高点。但由于竞争加剧和新产品的出现，使产品的销售增长逐渐出现缓慢趋势。企业应采取措施，增加推销费用，以争取最后的购买者，使产品保持尽可能长的成熟期，延缓进入衰退期。

（4）衰退期。衰退期时产品逐渐老化，不能适应市场需要的发展，销售量锐减，直至为市场所淘汰、退出市场为止。在衰退期，有的产品可能多年维持在较低的销售水平上。这个阶段应当注意该收则收，及早作战略转移，把力量转移到创新和改进上，避免打得不偿失的消耗战，造成亏损。

2. 寿命周期各阶段的判定方法

产品寿命周期各阶段的判定，在理论上尚无一定的标准，无法进行准确的计算，基本上属于定性判断。在产品寿命周期变化过程中，判断产品处于哪一个阶段，通常采用以下四种方法：

（1）经验判断法。经验判断法是指依产品进入市场后销售量的变化来判断产品所处寿命周期的阶段。

（2）类比法。类比法是指与先于该产品进入市场的类似产品的市场销售情况进行比较，作出判断。例如，美国在彩色电视机进入市场后，参照黑白电视寿命周期资料进行预测，事后证明二者寿命周期大致相同，因此，预测取得较好效果。

（3）社会普及程度判断法。社会普及程度判断法是指根据某一地区的社会普及程度判断该商品在这一地区市场上大致处于寿命周期的哪一个阶段。

（4）销售增长率判断法。销售增长率判断法是指以事先确定的阶段销售增长率为标准划分产品目前所处的阶段。其标准是投入期的销售增长率不稳定，成长期在10%以上，成熟期在0.1%～10%，衰退期为负数。

（二）产品寿命周期与产品开发

产品寿命周期理论，对于企业整顿老产品和开发新产品、抓好产品的升级换代工作，具有重要的指导意义。

1. 产品开发的规律

当第一代产品处于投入期时，生产量小、成本高、销售量小。这一阶段广告宣传要短而强，要作有力度的广告宣传，旨在迅速进入市场。同时要广泛征求用户意见，搜集相关的产品市场信息，着手第二代产品的构思和研究。

当第一代产品进入成长期后，生产量、销售量的增长带来了利润和竞争。在此阶段，不仅应提高产品质量，创名牌，更应投入相当的技术力量，对第二代产品进行设计性试制。

当第一代产品进入成熟期后，除了在提高产品和服务质量上下功夫以求较高的市场占有率、扩大销售量、延缓下降趋势，对第二代产品应进行小批生产，并投入市场试销。当销售增长率递减的趋势较为明显之际，正是新产品投入市场的最佳时机。

当第一代产品处于衰退期时，第二代产品要扩大产量，进入成长期，适时接替第一代产品，使企业保持原有的销售旺势。

总之，在市场竞争日益加剧的今天，产品寿命周期也日趋缩短。企业应根据生产的产品及其复杂程度等特点，遵循"生产一代、试制一代、设计一代、构思一代"的规律，制定适应市场需要的产品开发规划，增强企业的市场竞争力。

2. 产品改进与产品寿命的延长

总的来说，在产品的寿命周期内，企业通常应采取有效措施，力求缩短投入期，追求成长期更高的增长率，尽可能延长成熟期，着力推迟衰退期等，来给企业带来更多的经济效益。

而当企业的产品渐趋衰退的时候，还可以通过以下措施来延缓产品的衰退：改变包装及外观质量；扩大用途，改进服务，降低售价；改善性能，增加可靠性，促使产品出现另一个销售高峰，即双周期、多周期，以延长成熟期，推迟衰退期，给企业创造尽可能多的经济效益。

第四章　企业市场营销管理

第一节　市场营销概述

一、市场营销观念的发展演进

市场营销观念是企业进行市场营销活动时的指导思想和行为准则的总和。企业的市场营销观念决定了企业如何看待顾客和社会利益，如何处理企业、社会和顾客三方的关系。以市场营销观念为标志，西方企业的市场行为大体经历了以下五个阶段：

（一）生产观念

生产观念是指导企业经营活动的最古老的观念之一，盛行于 19 世纪下半期至 20 世纪初期。所谓的生产观念，就是企业的一切经营活动以生产为中心，围绕生产来安排一切业务，"以产定销"。生产观念的假设前提是：消费者可以接受任何买得到和买得起的商品，因而，企业的主要任务是提高效率、降低成本、扩大生产。持有生产观念的企业一切以企业为中心，必然很少考虑企业之外的各种市场因素。生产观念产生和适用的条件是短缺经济与卖方市场，消费者对商品的选择余地不大。其主要特点为：①企业把主要精力放在产品的生产上，追求高效率、大批量、低成本，产品品种单一。②企业对市场的关心，主要表现在关心市场上产品的有无和产品的多少，而不是市场上消费者的需求特点。③企业管理中以生产部门作为主要部门。20世纪初，生产力有了很大提高，商品生产规模不断扩大，市场供应逐渐超出市场需求，市场开始向买方市场转化，生产观念的片面性就显露出来。

（二）产品观念

产品观念是从生产观念派生出来的又一种陈旧的经营观念，产品观念仍然是建立在以企业为中心的基础上的。产品观念认为，只要产品质量上乘，具有其他产品无法比拟的优点和特征，就会受到消费者的欢迎，消费者也愿意花更多的钱去购买优质产品。在这种观念的指导下，企业往往把注意力集中于产品的精心生产上，根本不去考虑市场上的消费者是否真正接受这种产品。其主要特点为：①企业把主要精力放在产品的改进和生产上，追求高质量、多功能。②轻视推销，主张以产品本身来吸引顾客，一味排斥其他促销手段。③企业管理中仍以生产部门为主要部门，加强生产过程中的质量控制。

（三）推销观念

推销观念盛行于20世纪初期到20世纪中期。在这一时期，各主要资本主义国家经济和市场供求状况发生了根本变化，生产严重过剩，商品销售十分困难，竞争加剧，出现了"买方市场"。

销售观念的基本内容是：产品的销路是企业生存、发展的关键，如果不努力销售，消费者就不会大量购买本企业的产品，因此，企业的中心任务是把生产出来的产品销售出去，以销售为中心，技术为销售服务，注重推销术和广告术，向现实消费者和潜在消费者大量推销商品，以期压倒竞争对手，获取最大利润。

销售观念的主要特点为：①产品不变，企业仍根据自己的条件决定生产方向及数量。②加强推销，研究和运用推销、促销方法及技巧。③开始关注顾客，主要是寻找潜在顾客，并研究吸引顾客的方法与手段。④开始设立销售部门，但销售部门仍处于从属地位。

（四）市场营销观念

市场营销观念是一种全新的经营哲学，是第二次世界大战以后在美国新的市场形势下形成的，并相继盛行于日本、欧洲各国。第二次世界大战结束后，世界各国经济迅速恢复和发展，20世纪50年代以后出现的新科技革命，使劳动生产率大幅提高、生产大幅增长，市场竞争日益激烈。这时，企业的生存和发展取决于消费者的需要以及消费者需要的满足程度，因此，许多企业都提出了"一切为了顾客""顾客就是上帝"的口号，从而形成了以消费者为中心、一切为了满足消费者需求的现代市场营销观念。

市场营销观念的理论基础是"消费者主权论"，即消费者的需求决定企业生产什么，是企业行为的出发点和归宿。企业要实现自己的经营发展目标，关键在于如何开发目标市场的需求和欲望，比其他竞争对手更加有效地满足这些需求与欲望。企业的中心任务是从反映在市场上的消费者需求出发，发现市场机会，并以此来组织生产经营，集中企业一切资源和力量，不断开拓与满足市场的需求，以期长期占领市场，获取最大利润。市场营销观念代表着由"生产者导向"转变为"消费者导向"，是发达国家企业经营管理思想的一个重要变革，人们称之为"商业哲学革命"，也叫"市场营销革命"。这种新观念要求企业全部工作方针、行为内容与重点、营销观念理论与方法和策略等都有所创新。

（五）社会营销观念

20世纪80年代以来，企业以营利为目的的营销活动，导致出现种种损害社会利益进而损害消费者利益的现象，如生态的破坏、环境的污染、各种商业欺骗等，从而引起全社会消费者的不满，并产生了以维护消费者权益和长远利益、维护社会利益的"消费者主义"，各国也相继立法对消费者和环境进行保护，在这种背景下，社会营销观念产生了。

社会营销观念要求企业的经营活动要以全社会公众利益为中心，不生产造成精神污染和环境污染、浪费社会资源的产品；企业不仅要满足消费者的短期利益，还要对所有消费者的长期利益负责，要有利于提高社会福利，促进社会的发展。社会营销观念的实质是，企业从市场营销的角度来承担社会责任，通过协调企业、社会和消费者之间的关系、尊重消费者主权和利益，使企业有一个在发展中提高全社会的福利和满足人类不断发展需要的经营环境，这是市场营销观念的补充和发展。

二、市场营销的含义、功能和作用

（一）市场营销的含义

"市场营销"一词是从英语"Marketing"翻译过来的，又称市场学、市场行销或行销学，简称"营销"。它包括两种含义，一种是作为动词理解，指企业的具体活动或行为，这时称为市场营销或市场经营；另一种是作为名词理解，指研究企业的市场营销活动或行为的学科，称为市场营销学、营销学或市场学等。对于市场营销的定义，国内外众多学者和专家进行了不同的解读。具有代表性的是美国市场营销协会（AMA）和美国学者菲利普·科特勒的观点。

美国市场营销协会认为，市场营销是创造、沟通与传送价值给顾客，以及经营顾客关系以便让组织与其利益关系人受益的一种组织功能与程序。美国学者菲利普·科特勒从价值导向角度提出，市场营销是指企业认识目前未满足的需要和欲望、估量和确定需求量大小、选择和决定企业能最好地为其服务的目标市场，并决定适当的产品、劳务和计划（或方案），以便为目标市场服务。

我国著名学者郭国庆认为，市场营销既是一种组织职能，也是为了组织自身及其利益相关者的利益而创造、传播、传递客户价值，管理客户关系的一系列过程等。目前国内学术界关于市场营销最普遍的定义是美国市场营销协会 2004 年最新修改的定义，认为市场营销是计划和执行关于商品、服务和创意的观念、定价、促销和分销，以创造符合个人和组织目标的交换的一种过程。这个定义包含四种含义：①市场营销是一种企业活动，是企业有目的、有意识的行为。②市场营销必须以满足和引导消费者的需求为出发点和中心。③市场营销是一个系统地进行环境分析，选择目标市场，确定和开发产品，进行产品定价、分销、促销和提供服务等的管理活动。④市场营销是达成企业目标最有效的手段，企业的利润、产值、产量、销售额、市场份额、生产增长率、社会责任等目标，都必须通过有效的市场营销活动与顾客达成交易方能实现。

　　从市场营销观念的发展历程和市场营销的含义来看，市场营销与销售、推销有本质的不同。市场营销与销售的区别主要表现在：①目的不同。市场营销活动是满足顾客需求，同时实现企业目标；销售活动是推销产品。②出发点不同。市场营销活动从顾客的需求出发；销售活动从企业已有的产品出发。③活动起点不同：市场营销活动从产前环节开始，从需求调查、产品选型、产品设计开始；销售活动从产后环节开始，从产品销售开始。④顾客反应不同。市场营销活动使顾客的需求被满足，使其满意；销售活动使顾客强制性接受产品，可能使其不满意。

　　市场营销与推销有四个方面的不同：①重心不同。推销的重心在于产品，企业考虑的中心工作是推销现有的产品，而较少考虑消费者是否需要这些产品；市场营销的重心在于消费者，企业考虑的中心工作是满足消费者的需要。②出发点不同。推销的出发点是企业；营销的出发点是市场。③方法不同。推销的方法主要是加强推销活动，如做倾力推销、强行推销等；营销采用的是最佳的营销组合活动，即产品、定价、分销、促销、公关和权力等要素的有机结合。④目标不同。推销的目标是通过满足消费者需要来取得盈利，考虑的是企业近期收益；营销的目的是满足消费者需求，考虑的是企业长远的发展。

（二）市场营销的基本功能

　　市场营销作为一种活动，有以下四项基本功能：

　　（1）发现和了解消费者的需求。市场营销应以消费者为中心，企业只有通过满足消费者的需求，才能实现企业目标。因此，发现和了解消费者的需求是市场营销的首要功能。

　　（2）指导企业决策。企业通过市场营销活动，分析外部环境、了解消费者的需求和欲望、了解竞争者的现状和发展趋势，结合自身的资源条件，指导企业在产品、定价、分销、促销和服务等方面做出相应的、科学的决策。

　　（3）开拓市场。通过对消费者现有需求和潜在需求的调查、了解与分析，充分把握和捕捉市场机会，积极开发产品，建立更多的分销渠道及采用更多的促销形式，开拓市场、增加销售量。

（4）满足消费者需求。通过市场营销活动，从消费者的需求出发，并根据不同目标市场的顾客，采取不同的市场营销策略，合理地组织企业的人力、财力、物力等资源，为消费者提供适销对路的产品，做好销售后的各种服务，让消费者满意。

（三）市场营销的社会作用

市场营销是联结社会需求与企业反应的中间环节，是企业把消费者需求的市场机会变成企业盈利机会的基本方法。市场营销的社会作用体现在以下四个方面：

第一，产品的地点效用。即沟通产销两地，使消费者在适当的地方买到适合的商品。

第二，产品的时间效用。即沟通生产者与消费者时间上的差异，使新产品尽快被消费者认识，使消费者及时买到适当的产品。

第三，产品的占有效用。即市场营销使商品从所有者手中过渡到消费者手中。

第四，产品的形式效用。即制造商通过销售商提供的"地点效用""时间效用"和"占有效用"的市场信息，了解消费者对产品的功能及外形等的需求，按照需求生产适销对路的产品。

三、市场营销活动的起点——顾客需求分析

顾客需求分析是企业市场营销活动的起点。市场营销管理是指企业为了实现企业目标，创造、建立与保持同目标市场之间的互利交换关系而对营销方案进行分析、计划、执行和控制。其目的是为促进企业目标的实现而调节需求的水平、时机和性质，因此，市场营销管理的实质是需求管理。

（一）顾客需求的特点

了解顾客需求，是做好营销工作极其重要的环节。顾客需求是指顾客的目标、需要、愿望以及期望。

一般而言，顾客需求具有许多明显的特点。研究和把握这些特点，对于企业开展市场营销工作，有重要的指导作用。

（1）多样性。消费需求的多样性主要表现在消费者需求的差异性、层次性和复杂性。不同的消费者由于个性和爱好不同、所处的消费环境和自身条件不同，对消费品需求是有差异的。这些差异集中表现在需求的层次、强度和数量等方面。同时，人们的消费需求还存在一物多求和多物多求等现象。

（2）伸缩性。消费需求的伸缩性是指消费需求具有弹性，即消费需求随购买力和商品价格因素的变化而变化。一般情况下，中高档商品的需求弹性较大，而低档生活必需品的需求弹性较小。

（3）重复性。消费者购买消费品主要是为了满足个人及家庭的需求。由于短期购买力的限制和许多消费品不宜长期存放的特点，消费者购买商品一般属于少量多次购买。因而，消费者的消费需求和购买行为具有经常性和重复性的特点。

（4）周期性。从宏观上看，消费需求变化趋势是有规律的，具有周期性的特点。消费需求的周期性是需求形成和发展的最主要条件，也是商品经济发展的动力。只有消费需求不断地重复出现，需求的内容才会丰富起来。实际生活中，人们除对日常生活必需品（如食品、日用品等）的需求具有微观循环的特点之外，对许多商品的需求也具有周期性特点，只是循环周期的长短不同。

（5）发展性（层次性）。消费需求的发展主要体现在两个方面，一是需求层次的发展变化一般是较低层次的需求得到满足之后，逐步向较高层次推进，从物质需求向精神需求发展，从数量需求向质量需求转化等，形成阶梯式的发展趋势。二是消费需求随时代的进步而发展变化。时代的进步往往产生许多新的商品、新的观念、新的社会风尚，这必然促进消费需求的发展。没有消费需求的发展，就不会有时代的进步；同样，没有时代的进步，消费需求的发展也将受到限制。

（二）市场需求分析

市场需求还可以脱离具体商品来划分，通常按需求量划分为零需求、正需求和负需求。

1. 零需求

零需求即无需求，主要原因如下：

第一，零需求是人们对某些事物的商品价值和效用缺乏认识造成的。例如把山泉、清风看成无价值的，意识不到在商品经济条件下连"野猪叫声也可以卖钱"，因而未能开发洁净泉水饮料、无污染空气罐头等商品；又如崎岖的山区无自行车需求，是由于未认识到自行车可作健身用具这一用途。

第二，缺乏购买力，因而不敢产生购买欲求。商品开发和市场行销的实质就是把无需求变为大的正需求，因此要通过提醒效用、宣传与开发物品的商业价值，降低价格和推行赊销、分期付款、以旧换新等方式方法，针对具体商品与市场特点采取措施。

2. 正需求

市场正需求可分为以下五类：

（1）潜在需求。是指消费者购买欲求明确且有购买力，却无合意商品的状况。这部分需求始终是商品开发的主要方向，也是工业化的原动力。将消费者的潜在需求变成顾客的现实需求的努力，称为开发性营销。

（2）退却性需求。是指竞争品和替代品使原商品的需求退降。这是任何具体商品与服务在上市已久后必然面临的衰退。重复性营销努力或商品改进均可延长该商品的寿命，商品开发则可能使该商品恢复青春，然而根本的出路是开发新一代商品。

（3）不规则需求。是指商品的供应和需求数量在时间上不均衡。企业的生产大体是均衡的，只能满足市场的平均水平，当需求出现波动时，如季节性商品、旅游商品和流行商品经常发生需求起伏，便会产生供需失调。这类需求通常采取同步性营销努力而不是商品开发来解决。然而对于季节性、流行性商品生产经营企业来说，为了保持生产均衡，仍有必要开发反季商品和替代流行商品，以便充分利用企业的经营资源。

（4）饱和需求。即市场的需求水平与时间同企业预期的需求商品数量、品种和时间基本一致，供需平衡。这是市场营销的理想状态，却是商品开发的警戒点。因为这种状态不会持续很久，随时会出现新的不平衡，企业必须居安思危，准备好新一代商品，或主动打破平衡，或在平衡打破时能够及早应变。如果尚未完成新商品开发，就会出现危机。此外，也可采取维持性营销努力，尽量保持市场平衡，甚至扩大需求。

（5）增长性需求又称超饱和需求。是指市场需求超过了供应能力，商品供不应求。此时可采取增长性营销努力，按市场预测扩大生产，也可降低各种营销努力，暂时提高价格，减少服务，缓和供需矛盾。

3. 负需求

市场负需求主要有两种：

（1）否定需求。是指消费者对商品不但无需求，而且持回避、拒绝态度。例如拒绝假冒伪劣、不安全商品，回避不可靠、不保修、难使用的产品，以及糖尿病患者回避含糖食品，英国人不喜欢"象牌"商品等，其原因多种多样，有时并非由商品实体导致。此时可在市场调研的基础上，采取改善性营销努力，变否定需求为肯定需求，这种努力通常需要商品开发方面的配合，因为否定需求说明原来的商品开发和产品规划存在缺陷和漏洞。

（2）有害需求。是指会给消费者、生产者和社会带来危害的需求，诸如不安全电器、低劣种子、不洁食品等，这种需求无论大小，都可视为过分的，它表明产品规划和商品开发的方向失误，违背了企业的社会责任。企业对这类需求可通过重新进行产品规划和商品开发，甚至重新明确企业经营目的来消解，也可通过反击性营销，指出这类商品及需求的危害性来遏制需求，或用指导性营销来引导和改变此类需求。

第二节　市场营销环境

一、市场营销环境的构成

市场营销环境是指存在于企业营销部门外部的不可控制的因素和力量，这些因素和力量是影响企业营销活动及其目标实现的外部条件。对于企业来说，市场营销环境是不可控因素。

企业的市场营销环境，是指对企业的市场营销活动产生影响的各种因素的总和，可以分为内部环境和外部环境、直接环境和间接环境、微观环境和宏观环境以及国内环境和国际环境等。市场营销环境是错综复杂的，为了把握营销环境及其与企业营销之间的关系，本书主要从微观环境和宏观环境进行分析。

（1）微观环境。微观环境是指对企业或营销活动产生影响的直接环境，主要由企业内部环境、营销渠道中间商、顾客、竞争者、社会公众等构成。

（2）宏观环境。宏观环境是指对企业的营销活动产生影响的间接环境，但是并不排除宏观环境中的某些因素会对企业的营销活动产生直接影响。宏观环境主要由人口环境、经济环境、政治法律环境、自然环境、科学技术环境、社会文化环境等构成。

二、市场营销环境与企业营销的关系辨析

企业的市场营销环境其实就是企业的生存环境，市场营销环境与企业营销的关系需要注意以下问题：

第一，市场营销环境对企业营销产生影响的因素是多方面、多层次、连锁的。一般情况下，环境因素对企业营销产生影响的特点是由外部到内部、由间接到直接、由宏观到微观逐步地产生影响作用的。鉴于以上情况，企业要特别注意各种环境因素对企业营销活动产生影响时传导的途径、作用的方面、作用的性质、力度的大小以及可能导致的结果等问题。

第二，企业面对的各种环境因素经常处于变动中。营销环境的发展变化，可能给企业带来可利用的市场机会，也可能对企业造成一定的环境威胁。因此，企业不仅要了解静态的环境，还要监测和把握环境因素的发展变化。弄清营销环境的现状及发展变化趋势与特点（例如，会发生什么性质的变化、变化的程度如何、发生的时间与概率等），善于从中发现并抓住有利于企业发展的机会，避开或减少不利于企业发展的威胁，这是企业营销管理的首要问题。

第三，企业的市场营销活动是需要对变化着的环境做出积极反应的动态过程。虽然从一般意义上说企业不能从根本上控制外部环境的发展变化，但

企业的营销活动除了适应和利用，也在影响着各种外部环境的形成与发展。在现代社会经济条件下，企业的营销活动如果仅是被动地适应和利用环境，而忽视凭借有效的手段和措施主动地影响并在一定程度上改善环境，是难以取得营销成果的。

第四，不同阶段和环境条件对企业营销活动的影响程度不同。当企业处于成长期时，较多地受内部环境因素的影响，如企业的领导机构不健全、管理组织不完善、基础工作薄弱、生产秩序混乱等，这时只有企业首先着重抓好内部管理工作，营销活动才有可能获得发展。当企业进入高成长期时，产品性能和质量达到了一定的水平，各项规章制度基本健全，内部管理已经建立起良好的秩序，这时企业主要考虑的是如何适应外部环境的变化，因此，外部环境因素就成为影响企业营销活动的主要方面。

三、宏观市场营销环境

企业营销的宏观环境涉及人口、经济、政治法律、自然、科学技术和社会文化环境等多个方面。它对于企业来说，既不可控制，又不可影响，而它对企业营销的成功与否起着主要作用。宏观环境的发展变化既会给企业创造有利条件或带来发展机会，也会给企业的生存发展带来不利因素或造成环境威胁，企业必须密切注视宏观环境的发展变化，并注意从战略的角度与之保持适应性。成功的公司是那些能认识到在宏观环境中尚未被满足的需要和趋势并做出盈利反应的公司。

（一）人口环境

一个企业要关注的第一个因素是人口，因为市场是由人组成的。营销人员深感兴趣的是不同城市、地区和国家的人口规模和增长率、年龄分布和种族组合、教育水平、家庭类型、地区特征和运动等。

1. 人口规模和增长率

一般来说，人口规模越大，市场规模（现实商品需求与潜在商品需求的总和）就越大，需求结构也就越复杂。但是，在考察人口规模对市场规模及市场需求结构的具体影响时，通常要考虑社会经济的发展状况。从需求数量的角度看，社会经济的发展水平越高，人口规模越大，社会购买力也就越大，反之，社会购买力就越小。这就是说，人口规模与社会购买力水平之间并不呈现为简单的正比关系。从需求结构的角度看，在社会经济发展水平较低的情况下，社会购买力主要集中在维持人们生存所必需的生存资料方面，而且人口规模越大，这方面的市场压力就越大；在社会经济发展水平较高的情况下，人们对发展资料和享受资料的购买需求就会大大提高，主要表现为对包括生存资料在内的生活资料的品质要求与品种要求会明显增强和拓宽。

世界人口尤其是发展中国家人口持续高速增长是人口环境变化中的一个重要情况。人口迅速增长将对企业乃至整个社会产生深刻的影响，例如，新增人口导致的社会基本生活需求的扩大，资源人均相对占有量较低及资源供应紧张引起物价上涨、成本上升、利润率下降等。

2. 人口的构成

人口的构成包括自然构成和社会构成。人口的自然构成，包括人口的性别构成和年龄构成等内容。以年龄构成为例，全球的共同趋势是人口老龄化。人口的社会构成，包括职业构成、教育构成、家庭构成、民族构成等内容。

3. 人口的地区分布和地区间流动

人口的地区分布是指人口在地理空间上的分布状态。一个地区的人口规模状况会对该地区的市场规模产生直接影响；此外，人们往往会因其所处地区的地理条件、气候条件、文化习俗、社会经济发展水平等的不同，而在生活方式、消费需求、购买习惯、购买力等方面存在明显差异。

近年来，随着社会经济的发展，我国人口的地区间流动增强，人口迁移的规模呈逐年上升的趋势。迁移目的地以我国大中城市、东部沿海城市为主，迁移的动因主要是寻找就业和赚钱机会以及更好的个人发展环境。

（二）经济环境

经济环境包括的具体内容较多，一般指影响企业市场营销方式与规模的经济因素。在此主要对与消费者市场规模及需求结构关系密切的社会购买力、消费者收入、消费者支出模式问题以及对这些方面产生影响的有关因素进行分析。

1.社会购买力

社会购买力是指一定时期内社会各方面用于购买商品的货币支付能力。社会购买力是构成市场的重要因素之一，决定市场规模、影响市场需求结构、制约企业的营销活动。企业应当密切注意由社会购买力及市场规模、市场需求结构的变化带来的市场机会和环境威胁。

社会购买力是国民经济发展水平、消费者收入、价格水平、储蓄状况、信贷规模等一系列经济因素的函数。虽然一定时期的社会购买力的大小受多种因素的制约，但主要取决于国民经济的发展水平。经济发展快、人均收入高，社会购买力就大，企业的营销机会就会随之增加，反之，就会对企业的营销产生不利影响。

社会购买力的大小还受到价格水平和通货膨胀的影响。社会购买力的大小与储蓄的增减变动也有密切的关系。此外，消费者信用的规模变化也会影响社会购买力的增减变动。消费者信用在刺激消费者需求、促进商品流通与商品生产、指导和调节消费方向等方面具有积极作用。

2.消费者收入

消费者收入是指消费者从各种来源所得的货币收入，通常包括人们的工资、奖金、退休金、红利、租金、赠予等。消费者收入是影响消费者市场购买力水平及消费者支出模式的一个重要因素。消费者收入的变化不仅对生产经营消费资料和服务企业的营销活动产生直接影响，还间接地对生产经营生产资料和服务的企业的营销活动产生重大影响。

在实际生活中，消费者不可能将其全部收入用于购买产品或劳务，消费者的购买力仅是其收入的一部分。对企业营销来说，有必要将消费者个人收入区分为可支配的个人收入和可随意支配的个人收入。可支配的个人收入是指从消费者个人收入中扣除消费者直接负担的各项税款以及上缴给政府或组织的非税性负担之后的余额。这部分收入或被用于消费支出或被用于储蓄，是影响消费者购买力和消费者支出模式的决定性因素。可随意支配的个人收入是指从可支配的个人收入中减去消费者用于维持基本生活所必需的支出和其他固定支出后的余额。这部分收入是消费者可以任意决定其投向的，是影响消费需求构成的最活跃的经济因素。这部分收入的数额越大，人们的消费水平就越高，企业的营销机会也就越多。

3. 消费者支出模式问题

消费者支出模式是指消费者个人或家庭的总消费支出中各类消费支出的比例关系。消费者收入的变化不仅影响购买力，还直接影响消费者支出模式，并使其发生具有一定规律性的变化。

需要指出的是，消费者支出模式除受消费者收入的影响外，还受家庭生命周期，家庭所在地点，消费者的职业、文化水平、价值观念、生活方式等消费者特性以及有关环境因素的影响。

所谓的消费结构，是指人们生活中所消费的不同类型的消费资料、消费劳务的比例关系。一个国家的消费结构称为宏观消费结构，一个家庭或个人的消费结构称为微观消费结构，它们之间有密切的关系。上述的消费者支出模式问题主要是对微观消费结构的考察。调查研究消费结构的现状与发展趋势，有利于企业根据消费需求的变化趋向有针对性地做好营销工作。

（三）政治法律环境

任何企业的营销活动都会受到政治、法律环境的制约和影响。它主要包括制度环境、体制环境、方针政策环境、法律环境等。

1. 制度环境

制度环境，主要指一个国家的基本社会制度，包括政治制度和经济制度。我国的制度环境决定了企业的营销活动必须符合社会主义的基本方向，这是一个根本性问题。

2. 体制环境

体制环境主要涉及包括一系列具体内容的政治体制和经济体制。体制环境方面，对企业来说最基本的是企业与国家的关系问题。随着经济体制和政治体制改革的逐步深入，企业将真正成为自主经营、自负盈亏、自我激励、自我约束的独立法人实体和市场竞争主体，并将在更为开放、民主、法治化的政治和经济环境下运行。

3. 方针政策环境

国家的方针政策是一个时期中政府工作的方向和目标，以及为实现这一目标而由国家行政机关制定的对有关方面加以约束的行为准则。同法律、法规相比，政策具有较强的灵活适应性和较大的可变性，除部分基本政策外，它们会随着政治经济形势的变化不断地进行必要的调整。政策具有普遍的号召性、指导性和规定性，主要依靠说服教育及组织、引导鼓励等方式，并结合适当的经济手段和必要的行政手段贯彻实施，但有些政策也带有一定的强制性，依靠对违反者采取经济措施、行政措施乃至必要的组织措施来加以落实。国家的方针政策，尤其是经济方面的政策变化对企业的营销活动产生直接或间接的影响。

4. 法律环境

法律是由国家制定或认可并由国家运用强制力保证实施的行为规范的总和。企业在营销活动中会涉及大量的法律、法规，尤其是经济方面的法律和法规。我国的经济法体系主要包括：调整经济关系的基本法律，对社会经济活动进行综合调节和监督的法律，保护国土资源和生态环境的法律，保护消费者权益的法律，调整所有制关系的法律，调节和控制社会物质生活活动的法律，调节和控制流通过程的法律，调节国民收入分配、再分配的法律，保护知识产权的法律，处理涉外经济事务的法律，等等。其中每一项新的法律、法规的颁布实施或原有法律、法规的修改，都会直接或间接地影响企业的营销活动。

（四）自然环境

社会生产不仅需要有一定的社会经济条件，还需要有一定的自然条件，这种自然条件就是企业所面临的自然环境。自然环境按照要素可划分为大气环境、水体环境、土壤环境、地质环境等。自然环境与自然资源有密切的关系。从本质上看，社会生产活动依附的自然环境本身就是自然资源。具体来讲，自然环境诸因素中，凡是人类已经或可能依一定的有用性将其投入生产过程的就是自然资源。

自然资源的范畴十分广泛，依照再生产性可以划分为可再生资源、不可再生资源和无限资源。可再生资源如森林、食物，需精打细算地充分利用。不可再生资源如石油、煤炭、白金、锡、银等，石油这一不可再生的有限资源，已经构成未来经济增长所遇到的最严重问题。无限资源如空气等。在人类活动的参与下，自然资源日益短缺，环境污染日趋严重。随着上述问题的普遍化和严重化，各国政府都不同程度地加强了对自然环境和自然资源的管理工作。

（五）科学技术环境

科学技术环境是指影响企业生产经营活动的外部科学技术因素。改变人类命运最戏剧化的因素之一就是技术。

对科学技术环境的考察，主要涉及科学技术的发展现状、新的科学技术成果、科学技术发展的动向、科技环境的变化对社会经济生活的影响等方面的问题。当今世界科学技术迅猛发展，主要特点是以微电子为标志的尖端技术发展迅速、应用技术发展速度加快、最新科技成果在民用产品上的应用受到重视、未来科技的研究受到了人们的普遍关注，人们已经在能源、原材料、制造、交通、通信、生物工程等方面的研究上做出了巨大努力。科学技术的进步，对社会经济生活及企业的市场营销产生了一系列影响，不能适应和引导这一过程的企业将面临被淘汰的威胁。每一种新技术也是一种"创造性破坏"因素。晶体管危害了真空管行业、复印机伤害了复写纸行业、汽车使铁路的经营日趋清淡、电视拉走了电影的观众。如果老行业不采用新技术，而是压制它、轻视它，其生意必定衰落下去。

（六）社会文化环境

在企业所面临的诸方面环境中，社会文化环境是较为复杂的，它不像其他环境那样显而易见与易于理解，却又时刻影响企业的市场营销活动。有些国家，尽管人口、经济收入相近，但市场情况存在很大的差别，这种差别在很大程度上反映在社会文化方面。社会文化环境通常是由语言、价值观、商业习惯等构成的。

第一，语言。语言是人类思想交流的工具。语言文字是交易双方沟通信息、洽谈生意、签订合同必不可少的工具，在市场营销中其重要性更为突出。成功的市场营销人员必须熟练地运用一种或几种语言进行交流，并能透彻地加以理解，如果对国际通用的语言文字或对象国的语言文字缺乏准确了解、不能熟练应用，就会导致营销机会的丧失。

第二，价值观。价值观是指影响个人和集团选择的心理观念，是人们选择行为目的、行为方式的精神标准，因此，对市场营销者来说，这是应该考虑的重要因素。对于不同的价值观，营销管理者应采取不同的营销策略。

第三，商业习惯。市场营销从表面看是经济问题，从深层次看是一个文化问题，是营销文化环境的重要组成部分。在市场营销中，由于商业习惯的抵触而使贸易双方同陷窘境，致使贸易失败的实例并不鲜见。地方文化的支配作用使国际商业习俗对社会等级、交谈、语言、礼仪礼节以及几乎所有经营行为都带有各自不同的文化特征。掌握各国商业习惯，是市场营销人员的必备素质。

四、微观市场营销环境

企业营销的微观环境涉及企业内部环境因素，市场营销渠道企业、顾客、竞争者、公众等多个方面。这些方面或构成企业营销的内部基础，或与企业形成协作、服务、竞争、监督等关系，直接影响企业的竞争能力、应变能力以及为目标市场服务能力的形成与具体状况。因此，一个企业营销活动的成败不仅取决于能否适应宏观环境的变化，还取决于能否适应和影响微观环境的变化、能否与微观环境的各方面保持协调关系。

（一）企业内部环境条件

企业进行营销决策、制订营销计划、开展营销活动，无一不以企业的内部环境条件为基础、无一不与企业内部各方面的工作保持直接联系。企业的内部环境条件涉及人员条件、技术条件、生产条件、资源条件、管理条件、企业文化等。这些内部环境条件共同决定了企业综合素质的状况，形成了企业自下而上的发展能力。

由此可见，市场营销工作主要是企业市场营销部门的职责，但市场营销工作的成败最终取决于企业的综合素质和整体工作状况。企业营销部门不是孤立存在的，要和其他职能部门相互配合，即企业营销部门需要与高层管理部门、财务、研发、采购、制造、会计等部门协调合作。

（二）市场营销渠道企业

一个企业的市场营销渠道是指处于该企业的市场营销系统中，与该企业的供、产、销等经济活动存在业务往来或为其提供某种形式服务的其他企业、组织或个人，主要包括各类资源供应者、营销中间商等。

1. 各类资源供应者

资源供应者即供应商，涉及诸多类型的市场主体，他们向企业提供其为目标市场服务时所必需的资金、能源、原材料、零部件和劳动力等生产要素。供应商对企业的营销活动产生重要影响。其所供应的原材料数量和质量将直接影响产品的数量和质量，所提供的资源价格会直接影响产品的成本、价格和利润。企业要对供应商的影响力有足够的认识，与其保持良好关系。

2. 营销中间商

营销中间商主要指帮助公司销售产品到最终用户的公司，包括中间商、营销服务代理机构、金融中间机构和实体分配公司。

（1）中间商。中间商主要指商人中间商、批发零售企业、代理中间商，如经纪人、制造商代理商、销售代理商等。

（2）营销服务代理机构。营销服务代理机构主要指为厂商提供营销服务的各种机构，如广告公司、市场营销研究企业、市场营销咨询企业等。

（3）金融中间机构。金融中间机构主要指协助厂商融资或分担货物购销储运风险的机构，如银行、信贷机构、保险机构等。

（4）实体分配公司。实体分配公司主要指协助厂商储存并把货物运送至目的地的仓储公司。实体分配包括包装、运输、仓储、装卸、搬运、库存控制和订单处理等方面。

一个企业能否在营销活动中与自己的营销渠道企业建立稳定、有效的协作关系，对其服务于目标市场的能力的最终形成有直接影响。

（三）顾客

这里所说的顾客是指企业决定为之服务的目标市场。通常将市场分为消费者市场、生产者市场和政府机构市场等基本类型。一家企业往往将自己的产品销往几种类型的主体市场，这些市场有不同的需求和购买行为，因此，要求企业以不同的服务方式提供不同的产品，从而制约企业营销对策的制定，影响企业的整个营销活动。企业必须深刻地了解其所服务的目标市场的特点、需求与购买行为，并设法满足市场需要。能否紧紧地抓住市场是企业营销成败的关键。

（四）竞争者

所谓竞争者，是指向一企业所服务的目标市场提供产品的其他企业或个人。竞争者的范围是非常广泛的，包括现实竞争者与潜在竞争者、直接竞争者与间接竞争者、国内竞争者与国际竞争者等。从满足消费需求或产品替代的角度看，每个企业在试图为自己的目标市场服务时通常面临四种类型的竞争者。

1. 愿望竞争者

愿望竞争者是指向一企业的目标市场提供种类不同的产品以满足不同需要的其他企业。一个消费者在一定时期往往有许多想要满足的愿望，如既想买一台电视机，又想买一台计算机或一辆摩托车，那么提供电视机、计算机、摩托车的各个企业之间就形成了竞争关系，互为愿望竞争者。

愿望竞争主要是从行业乃至产业之间的竞争关系来看的，它既不属于生产经营相关产品的企业之间的竞争，也不属于生产经营相同产品的企业之间的竞争。愿望竞争将使购买力在不同行业或不同产业之间发生转移，从而使不同行业或产业的市场规模发生或大或小的变化。

2. 一般竞争者

一般竞争者是指向一企业的目标市场提供种类不同的产品但可以满足同一种需要的其他企业。例如，一个消费者打算通过某种形式来解决上下班的交通问题，或购买一辆自行车，或购买一辆摩托车，或乘坐公共汽车或自己开车都可以满足他的这一要求，那么提供自行车、摩托车、公共交通服务、私家车的各个企业之间就形成了竞争关系，互为一般竞争者。

实际上，这些种类各不相同的产品有相同或类似的功用，它们在满足某种需要上是可以相互替代的,这些产品就是所谓的相关产品。一般竞争考察的主要是不同行业间生产经营相关产品的企业之间的竞争问题。一般竞争将使购买力的投向在不同行业的生产经营相关产品的企业之间发生转移。一般竞争的强度主要取决于科技进步所带来的相关产品的多少以及相关替代的程度。在科技进步较快的情况下,企业应对一般竞争问题予以较多关注。

3. 产品形式竞争者

产品形式竞争者是指向一家企业的目标市场提供种类相同,但质量、规格、型号、款式、包装等有所不同的产品的其他企业。由于这些种类相同但形式不同的产品在对同一种需要的具体满足上存在差异,购买者有所偏好和选择,因此,这些产品的生产经营者之间便形成了竞争关系,互为产品形式竞争者。例如,一个旅游者到达旅游目的地后,他可以选择高、中、低等不同档次的宾馆,这种不同档次宾馆的经营者之间就是一种产品形式竞争关系。

4. 品牌竞争者

品牌竞争者是指向一企业的目标市场提供种类相同,产品形式也基本相同,但品牌不同的产品的其他企业。由于主客观原因,购买者往往对同种、同形、不同品牌的产品形成不同的认识,具有不同的信念和态度,从而有所偏好和选择,因而这些产品的生产经营者之间便形成了竞争关系,互为品牌竞争者。例如,旅游者确定了宾馆的档次后,还要考虑入住哪个品牌的酒店,是假日酒店、喜来登酒店还是希尔顿饭店,这是满足旅游者的不同品牌的酒店产品。

上述第三、第四种竞争是在相同产品之间进行的,属于同行企业间的竞争。这两种竞争将使同行业内不同企业的市场占有率和市场地位发生变化。市场营销学中所讲的竞争,较多的是指品牌竞争、产品形式竞争和一般竞争。

上述这些不同而且不断变化的竞争关系是每一个企业在开展营销活动时都必须密切注意和认真对待的。一般来说,竞争对手的力量越强,其产品及市场营销组合方面越有竞争力,威胁也就越大。企业要制定正确的营销策略，除了要了解市场的需要与购买者的购买决策过程，还要全面了解现实竞争对手的数目、分布状况、综合能力、竞争目标、竞争策略、营销组合状况、市场占有率及发展动向等情况，还要对潜在竞争对手进行全面分析。

（五）公众

这里所说的公众，是指所有实际或潜在地关注企业的生产经营活动，并对其实现目标的能力具有一定影响的组织或个人。由于企业的生产经营活动影响公众的利益，政府机构、金融组织、媒介组织、群众团体、地方居民乃至国际上的各种公众必然会关注、监督、影响和制约企业的生产经营活动。这些制约力量的存在决定了企业必须遵纪守法，善于预见并采取有效措施满足各方面公众的合理要求，处理好与周围各种公众的关系，以便在公众中树立良好的企业形象，这是企业适应和改善微观环境的一个重要工作。企业所面临的公众主要有以下七种：

（1）金融公众。指银行、投资公司、股东等，他们影响企业获得资金的能力。

（2）媒体公众。指电视、报纸、杂志、广播等传递信息的大众媒体。

（3）政府公众。指对企业的经营活动有相当影响的有关政府机构。这些机构就产品的安全性、广告的真实性等方面进行监督。

（4）市民行动公众。包括保护消费者权益组织、环境保护组织、少数民族团体等市民团体。

（5）地方公众。指企业当地的居民和社区团体、地方政府。

（6）一般公众。指上述各种关系公众之外的社会公众。企业需要知道一般公众对其产品和活动的态度，企业在一般公众中的形象直接影响他们是否购买本企业的产品。

（7）内部公众。包括企业内部的所有员工。因为在许多情况下，企业的形象是靠企业的员工传达给外部顾客的，特别是在服务性企业。

企业必须采取适当措施与周围的各种公众搞好关系。因为这些不同的公众都能促进或阻碍企业目标的实现。以大众媒介为例，报纸、广播、电视等媒介对某旅游企业做一篇优质服务的报道，就能使该企业信誉提高，扩大销售；反之，对其坑害旅客的行为进行曝光，就能使这一企业的形象受损、信誉降低、顾客减少。为搞好与周围公众的关系，树立企业良好的信誉和形象，大多数企业都设立了公关部，其主要业务是处理好企业各方面的关系。遵纪守法，善于预见并采取有效措施，满足各方面公众的合理要求，开展一些力所能及的公益活动，如赞助、捐款，努力塑造并保持企业良好的信誉和公众形象，是企业适应和改善微观环境的重要体现。

第三节　市场调研与预测

市场信息是商品经济的产物，是企业经营管理的一项重要资源，是企业在市场上取得竞争优势的筹码。商品经济越发展，市场营销信息越重要，及时、准确、可靠地掌握市场信息并对信息进行科学有效的处理和运用，是现代企业的一项重要任务。所以，现代市场营销理论把市场信息、市场调研、市场预测作为企业掌握经营环境、分析市场动向及供求发展趋势和相关联系的三大支柱。市场信息是营销决策的基础，市场信息离不开市场调研和预测的支持，需要科学运用调研与预测方法进行市场分析，把握市场趋势。企业为了寻求市场机会和避开市场风险，使自己的内部因素与条件适应不断变化的外部环境，经营者必须经常收集全面且可靠的市场信息，进行市场调研及市场预测。

一、市场调研

在现代市场营销活动中，重视市场调研，认识和掌握市场信息，是管理现代化的重要标志。市场调研是认识市场、获得市场信息的最基本方法，也是市场预测和营销决策的前提和基础。

市场调研是指运用科学的方法，有目的、有计划地收集、整理、分析和研究有关市场营销方面的信息，发现机会和问题，得出合乎客观事实发展规律的结论、提出建议，为市场预测和营销决策提供依据。

理解这一概念的内涵，必须注意以下几方面特征：

第一，市场调研是企业一种有目的的活动。它是指各类企业为解决市场营销问题、为营销决策提供信息而开展的活动。这一特征说明，市场调研本身不是目的，它是服从于企业的市场营销活动，并且是营销活动不可缺少的有机组成部分。

第二，市场调研是一个系统的过程。它不是单个资料记录、整理或分析活动，而是一个经过周密策划、精心组织、科学实施的，由一系列工作环节、步骤、活动和成果组成的过程。这一特征充分说明，市场调研是一项比较复杂的工作，需要有科学的理论和方法对其进行指导，同时需要进行科学的组织和管理。

第三，市场调研活动包含对市场信息的判断、收集、记录、整理、分析、研究和传播等多项活动。这些活动对企业的营销调研策划工作都是必不可少的，它们互相联系、互相依存，共同组成市场调研的完整过程。

第四，市场调研是一项市场信息搜集和处理的工作。它运用一定的技术、方法、手段，遵循一定的程序收集、加工市场信息，为决策提供依据。它包含信息工作中的信息需求确定、信息处理、信息管理和信息提供的全部职能。

企业市场调研工作是企业市场营销活动的基础，认真做好这一工作，对于企业把握消费者需求，制定正确的产品、价格、营销渠道和促销策略，选择目标市场，保持和扩大市场占有率，达成企业的营销目标等具有十分重要的意义。

（一）市场调研的主要内容

市场调研的内容比较广泛，一般来说，主要包括以下方面：

1. 市场环境

（1）政治法律环境调研。包括政治形势和状况（战争等）、国家政策、进口限制、外汇控制、方针、法令、法规、条例，贸易惯例、社会发展规划、国家重大活动事件等。

（2）经济环境调研。包括国民生产总值、人均国民收入、产业发展状况、个人可支配收入、个人可任意支配收入、社会购买力水平、消费收入状况、消费支出状况、消费储蓄和信贷、通货膨胀、就业率、税收、利率等。

（3）人口环境调研。包括人口数量及增长速度、人口的年龄构成、人口的性别构成、家庭结构状况、种族结构状况、职业、出生率、死亡率、结婚率、地理结构状况。

（4）技术环境调研。包括科学技术的发明，新技术、新工艺、新材料的发展趋势和速度，技术引进和技术改造，国家有关科研技术发展的方针、政策及计划等。

（5）地理环境调研。包括目标市场的地理位置、气候及自然环境条件、运输条件、仓储条件、自然资源状况、生态条件、环境保护等。

（6）社会文化环境调研。包括人们的教育水平、价值观和风俗习惯，现实购买者与潜在购买者、消费群体构成、购买动机、行为、心理等。

2. 市场竞争因素

（1）同行竞争对手调研。包括竞争对手的数量、经营规模和人员组成、营销机构的情况、商场占有率、供货渠道是否稳定、策略和手段、竞争能力、消费者反应如何、潜在竞争对手出现的可能性、主要竞争者的产品与品牌优劣势、主要竞争者的营销方式与营销策略、主要竞争者市场概况、主要竞争公司对工厂的管理模式、主要竞争对手的促销形式和内容（了解成功的经验和失败的教训）等。

（2）同行竞争产品调研。包括竞争产品的设计能力、工艺能力，产品的质量、数量、品种、特色、规格、花色、商标、成本、价格、包装、服务、费用水平和盈利能力等。

3. 市场需求及营销组合策略

（1）消费者调研。包括消费心理、消费动机、消费决策及行为特性、消费观念；消费者的媒介喜好状态；消费者（尤其是本产品消费者）分布及特性（地域、年龄、收入、职业）。

（2）产品调研。包括消费者对产品的性能、设计、质量（性能标准、安全标准、卫生程度、耐用性）、外观、包装、商标、价格、实用方便性和安全性等的评价，本产品及主要竞争者的知名度，本产品及主要竞争者的美誉度和忠诚度，本产品及主要竞争者的品质形象、技术形象与未来形象，本产品的品牌联想形象，对企业改变老产品的反应状况、产品生命周期及开发新产品的可能性和途径。

（3）价格调研。包括价格的供给和需求弹性，是否受国家价格政策影响，定价策略和方法（高价、满意价、渗透价），产品改变后消费者的反应情况、替代品的价格、新产品价格的确定、老产品价格的调整、产品价格的稳定性等。

（4）促销调研。

推销调研包括人员素质、力量、分工、技巧、销售方式与业绩、销售机构和网点的销售效果。

营业推广调研包括营业推广策略的调查、营业推广效果的调查（营业推广对用户产生的影响）、营业推广辅助策略的调查、营业推广失败与成功的调查等。

公关活动调研包括公关活动的主要内容与策略、企业关系网络调查、公关活动和宣传措施对产品销量和企业形象的影响等。

广告活动调研包括广告效果调查（对广告内容的意见、广告内容的反应、广告内容的信任程度、广告文案的记忆、商标的记忆、广告图案的记忆等）、媒体接触率（各媒体的接触率分析、接触动机分析、接触时间分析、接触阶层分析、内容反应分析、信任程度分析等）、收视率调查（家庭收入及其成员开机率分析，地区开机率分析，各台各节目收视率分析，各性别、年龄的收视率分析，各职业、教育程度收视率分析等）、报纸杂志阅读率（阅读的注意率分析、阅读的联想率分析、阅读的精读率分析，产品、厂牌了解程度，标题、引句了解程度，文句、图案了解程度等）、媒体调查（相关栏目播放内容、时间、相应费用，媒体覆盖范围、消费对象，收视率等效果测试等）。

（5）分销调研。

分销管理调研包括销售渠道现状的检查与分析，销售渠道选择是否合理、储存和运输安排是否妥当、是否能够降低物流成本，分销渠道的结构和类型，分销渠道的覆盖范围和销售效率，各类中间商（批发商、零售商等）的销售状况，中间商资信与能力调查等。

经销商调研包括经销商对本产品行业及几大主要品牌的看法，经销商对本产品、品牌、营销方式、营销策略的看法、意见建议，本产品的经销网络状态，本产品主要竞争者的经销网络状态。

零售店调研包括各品牌的销售对象、成绩，各品牌的进货渠道、方式，各品牌的广告认知和态度，各品牌的促销认知和态度。

4. 企业内部环境

企业内部环境包括企业凝聚力调研、员工满意度调研、员工积极性调研、员工素质调研、员工企业认知调研（企业认同感、归属感和责任感等）、企业团队精神调研、企业公共关系和公共形象调研、企业管理者形象调研、企业人际关系状况调研、企业知识共享情况调研、企业文化建设调研、企业部门协调性调研、企业管理者能力调研、企业外部联络能力调研、企业客户满意度调研、企业产业链调研、企业服务能力调研等。

（二）市场调研的基本步骤

市场调研既可以由企业自身进行，也可以委托外部的专业调研部门进行。无论是自身组织调研，还是外部组织调研，都要求营销人员与调研人员密切配合，有计划、有步骤地开展调研工作。

市场调研一般分为三个阶段，十一个步骤。

1. 调研预备阶段

这是调研工作的开始，这一阶段着重解决调研目的问题，主要包括以下步骤：

（1）确定调研问题。明确调研问题是进行市场调研的起点。市场调研人员在确定调研问题前要从企业活动的实际出发，对生产经营活动的现状进行全面分析研究，找出所需解决的问题。

（2）初步情况分析。问题明确后，还不宜进行大范围的正式调查。为了使调查具有针对性，调查人员应先对企业内外部情况进行一次初步摸底。为此，应尽可能地利用本企业内部的现有资料，包括各种报表、记录、统计资料、用户来函、财务决算、综合及专题报告，并查阅有关贸易及专业刊物资料、政府公布的统计资料等，以便掌握充足的背景资料，缩小正式调研范围。

（3）拟订市场调研计划。计划要具体、明确。调研计划包括：①明确调研目的。②确定调研对象。③选择调研和收集资料的方法。④明确调研日期，特别是完成时间。⑤做出调研经费预算及规定作业进度安排。这些内容要以"调研项目建议书"的形式报主管领导批准后实施。

（4）培训调研人员。调研人员的素质对调研质量影响重大，必须确定合适的人选并采取有效办法进行培训。

（5）非正式调研（或称探索性调研）。调研人员在企业内部举行座谈会，或访问专家、用户及相关营销人员，听取他们对这些问题的意见，进行归类和分析，使问题逐步明朗化。

2. 市场调研阶段

市场调研阶段包括以下四个步骤：

（1）搜集资料。调查搜集资料一般分为两种：一种是经别人搜集、整理过的资料，通常是已经发表的，称为第二手资料；另一种则是调研人员通过发放问卷、面谈、抽样调查等方式搜集的第一手资料，或称原始资料。

调研人员在开始一项调查之初，一般先收集第二手资料，这就是案头调研。第二手资料主要有两个来源：一是内部资料，二是外部资料。内部资料包括企业营销信息系统中储存的各种数据，如企业历年销售额、利润状况，主要竞争对手的销售额、利润状况，有关市场的各种数据等。外部资料主要是政府的各类出版物，公开出版的各种报刊、书籍，各类咨询公司与信息中心提供的各种有关数据。一般来说，调研人员可以通过直接查阅、购买、交换索取以及通过情报网络搜集和复制等方式获得第二手资料。而第一手资料则可采取访问调查、观察实验等方法获得。

（2）设计调研表格。调研表格的设计是一项艺术性很强的工作，调研表不同于一般的记录表，它要求凭借调研人员丰富的经验，根据不同的调研目的和不同的调研对象提出各种问题，如果问题措辞不当或意思含混不清，回答结果就不可靠，其至会出现相反或错误的回答。因此，调研表格的设计要明确反映调研目的，问题具体、主题突出、简明扼要、亲切有趣，便于回答和统计。常用调研表的问题类型有：①是非题，又叫二项选择题，即要求被调研者对某个问题用"是"或"否"、"有"或"无"回答。②自由回答题，也称问答题，即让被调研者自由回答所提的问题，问卷上并没有已拟定的答案。③品等题，又叫顺位题，即将几种可能的答案按调研者的意愿排列先后次序。④多项选择题，即事先拟定若干答案，让被调研者自由选择其中最符合他意见的答案。⑤程度评定题，即要求被调研者在反映调研问题答案的程度上进行选择，以表明自己对该问题的态度或认识程度。

（3）抽样调查。抽样调查，即从调研对象中抽取一部分子样本进行调查，然后推算总体状况。抽样调查较普遍，调查省钱、省力、省时间，又可把调研对象集中在少数样本上，并获得与总体调查相符合的结果，所以在市场调研中应用较为广泛。

按照采用什么方式组织抽样调查以取得样本，抽样调查可分为随机抽样和非随机抽样两大类，每类又各有多种方法。随机抽样常用的方法有：①纯随机抽样法，亦称单纯随机抽样法，抽样者不做任何有目的的选择，用纯粹偶然的方法从全体样本中抽取若干个体作为样本。②分层随机抽样法，亦称分类抽样法，它是将总体中所有单位，按其属性、特征分为若干类型（组、层），然后在各类型（组、层）中用纯随机抽样法抽取样本单位，而不是从总体中直接抽取样本单位。③机械随机抽样法，亦称等距抽样法，在总体单位中，先按一定标志顺序排列，并根据总体单位总数和样本单位数，计算出抽样距离（同等的间隔），然后按相等的距离或间隔抽取样本单位。④分群随机抽样法，亦称整群抽样法，它不同于其他抽样法，不是从总体中抽取个别单位，而是整群或整组地抽取样本，对被选中的群或组所包含的所有单位，均无例外地作为样本进行调查。非随机抽样的常用方法有配额抽样法、任意抽样法、判断抽样法等。

（4）实地调研。即到现场去收集资料。实地调研工作的好坏和调研人员素质的高低，直接影响调研结果的正确性。因此，进行实地调研应抓好两方面工作：首先，要提高调研人员的素质，要求调研人员工作态度认真、勤劳、善于和陌生人相处；有克服困难的信心和勇气，工作作风稳重、踏实、细致；在调研过程中，善于运用各方面知识，仪表大方、平易近人。其次，要讲究思想方法和工作方法，要求在调查中保持客观，不能用主观臆想去代替客观事实；发现问题要追根溯源，把调研深入下去；要边调研边分析，随时"梳辫子"，及时将调研资料与调研目的和要求进行对照，进一步明确调研方向。

3. 调研结果处理阶段

这是调研全过程的最后阶段，这一阶段包括以下步骤：

（1）整理分析资料。将调研收集的资料采用科学的方法，进行整理、分类、编号，以便查找和归档、统计分析。然后进行编校，对资料中的错误和不准确因素，严加筛选、去粗取精、去伪存真，以保证资料的完整和真实可靠，统计计算并得出结论。最后用统计图表的形式把结果表达出来。

（2）提出调研报告和追踪。市场调研结果必须写成调研报告，供有关预测、决策部门应用或参考，这样才有价值。调研报告一般包括概括性报告和正式调研报告两种。概括性报告是供企业高层决策者审阅的，必须简明扼要。正式调研报告包括调研目的、资料收集的方法、调研分析的问题、调研结论和建议。调研报告力求客观、重点突出、文字简练、图表形象易理解。最后还要追踪了解报告是否已被采纳及采纳程度、采纳后的实际效果，以便积累经验，改进调研方法，提高调研质量。

（三）市场调研的常用方法

市场调研的方法很多，选用的方法是否得当，对调研结果的功效影响极大。一般有以下几种方法：

1. 观察法

即在不向当事人提问的条件下，通过各种方式对调研对象作直接观察，在被调研者不知不觉中，观察和记录其行为、反应或感受。常用的方法如下：

（1）直接观察法。派人直接对调研对象进行观察。例如，调查消费者对品牌、商标的爱好与反应，可派人到零售商店柜台前观察购买者的选购行为；调查销售人员的工作表现，可派人员对调研对象的服务态度、方法、效率进行直接观察。

（2）亲自经历法。调研人员亲自参与某种活动来搜集有关资料。如果一家工厂要了解它的代理商或经销商服务态度的好坏，就可以派人到他们那里去买东西。通过亲身经历搜集的资料，一般是真实的，但要避免暴露自己的身份。

（3）痕迹观察法。这种方法不直接观察调研对象的行为，而是观察调研对象留下的实际痕迹。例如，美国大部分汽车经销商同时经营汽车修理业务。他们为了了解在哪一个广播电台做广告的效果最好，对开回来修理的汽车首先要做的事情就是派人看一看汽车里收音机的指针对准哪一个电台，从这里他们就可以了解到哪一个电台的听众最多，下一次就选择这个电台做广告。

（4）行为记录法。在合法的前提下，在调研现场安装收录、摄像及其他监听、监视仪器设备，调研人员不必亲临现场，即可对被调研者的行为和态度进行观察、记录和统计。在获得被调研者的同意后，也可用一定的装置记录调研对象的某一行为。

观察法的优点是可以比较客观地搜集资料，直接记录调研的事实和被调研者在现场的行为，调研结果更接近实际；缺点是不易观察到内在因素，只能报告事实的发生，不能说明其原因，调研的花费较高，时间较长。

2. 实验法

实验法在搜集市场研究资料中应用广泛，特别是在因果性调查中，实验法是一种非常重要的工具。例如，将某一种产品改变设计、改变质量、改变包装、改变价格、改变广告、改变陈设、改变销售渠道以后，对销售量会产生什么样的影响，都可以先在一个小规模的市场范围内进行实验，观察顾客的反应和市场变化的结果，然后决定是否推广。常用的实验法有：

（1）实验室实验。该方法在研究广告效果和选择广告媒体时常常被使用。例如，某工厂为了了解什么样的广告信息最吸引人，可以找一些人到一个地方去，给每人发一本杂志，让他们从头到尾翻一翻，问他们每一本杂志里，哪个广告对他们吸引力最大，以便为本厂设计广告提供一些有用的参考。

（2）销售区域实验。就是把少量产品先拿到几个有代表性的市场试销，看看在那里的销售情况如何，得到一些实际资料，然后分析把这种产品拿到全国去推销可能有多大的市场占有率，需要多少时间、多少费用，值不值得广泛推销等。这种实验方法在消费品生产企业中是常用的。

（3）模拟实验。这种实验的基础就是计算机模型。模拟实验必须建立在对市场情况充分了解的基础上，它所建立的假设和模型，必须以市场的客观实际为前提，否则实验就失去了意义。模拟实验的优点是，它可以自动地进行各种方案的对比，这是其他实验难以做到的。

（4）消费者购买动机的实验。这是通过各种心理实验来进行的。该方法较为科学，资料的客观价值较高，对于了解因果关系能提供其他调查法所不能提供的资料，应用范围相当广泛。该方法的优点在于：通过少量产品的试销，获得比较正确、实用的实验资料；通过少量产品的试销，推测产品未来销售趋势；通过对少数用户的调查，了解广大用户对企业营销活动的评价。该方法的主要缺点是时间长、费用高，选择的调研对象不一定有代表性，市场上各种因素的变化难以掌握，调研结果也不易比较。

3. 询问法

询问法是以询问的方式了解情况、搜集资料，并将所要调查的问题，以面谈、电话、会议、书面等形式向被调研者提出询问，从而获得所需的各种情况和资料。按调研者与被调研者的接触方式和询问表的传递方式不同，询问法可分为访问调研法、电话调研法、会议调研法和网上调研法等形式。

（1）访问调研法。这种方法是调研者与被调研者面对面地进行交谈，由调研者根据事先拟好的调研提纲提出问题，被调研者回答。也可结合产品销售进行随访、征求意见，了解情况。访问调研主要靠"走出去"的方式，但也可以"请进来"，如采用召开用户座谈会的方式。两者相比，后者具有时间省、费用少的优点。访问调研法由于是调研者与被调研者面对面的交谈，其优点是能互相启发，具体生动，富于伸缩性，便于控制，资料面广，真实性较大；缺点是费用较高，调研结果易受调研人员水平高低的影响。

（2）电话调研法。这是由调研人员根据抽样要求，通过电话向被调研者了解情况和询问意见的一种方法。该方法的优点是简便迅速，了解及时，费用低，不因调研人员在场而产生心理压力，使调研对象畅言无忌；缺点是询问时间短，调研仅限于电话用户，调研面受到影响，不易获得调研对象的配合，问题缺乏深入。

（3）会议调研法。会议调研法是利用企业参加各种外协会议和订货会议的机会进行调研。这些会议往往集中各类人员，能收集内容广泛的信息。会议调研法的优点是节省时间和费用，资料丰富；缺点是受到开会时间和内容限制。

（4）网上调研法。随着计算机信息技术的不断发展，网络已经成为社会生活的重要组成部分，各种类型的网站纷纷开通，网络已经成为传输信息、加快信息沟通交流的重要工具，这无疑会促进人们对信息搜集渠道及其质量的重视，给市场调研带来许多机会。随着网络技术的兴起，新的调研方法——网络调研法应运而生。除了可以把调研的问题设计成问卷，通过 E-mail 发给被调查者，在线小组讨论也是一种较好的网上访问方式。这种方式由调研者充当"主持人"，小组成员在网上平等地"讨论"、自由地"沟通"以及推心置腹地"交流"。网上调研法具有不受时空限制、声图文并茂的友好的交互界面、成本较低、降低传统调研"入户难"的难度、客观性较强、处理程序简化等特点。

4. 心理调研法

心理调研法主要指调研消费者的心理状态，可分为动机调研和投射调研两种。

动机调研是调研消费者的购买动机，如为什么购买这种商品，为什么要选购这家企业生产的商品。了解购买动机，有助于企业掌握消费者的爱好特点，生产适销对路的产品。

投射调研是采用心理学方法，并不直接就某一问题提问，而是采用看图发表意见等间接方式，从中发现被调研者的真实心理，目的在于避免被调研者由于种种原因而不愿说出真心话的情况。

5. 集体访谈法

集体访谈法是访问调研法的延伸和扩展，是调研者邀请若干被调研者，通过集体座谈的方式了解有关情况或研究市场有关问题的方法。

集体访谈法的特点在于，它不是一个一个地访问被调研者，而是同时访问若干被调研者；它不是通过与个别被调研者的个别交谈来了解有关情况，而是通过与若干被调研者集体访谈来了解有关情况。因此，集体访谈过程，不仅是调研者与被调研者之间互相影响、互相作用的过程，还是若干被调研者之间互相影响、互相作用的过程。集体访谈对调研者素质的要求较高，调研者不但要具备熟练的访谈技巧，而且要有驾驭调查成功的能力。

目前在市场营销学方面，集体访谈法受到的重视程度越来越高，一般用以了解产品特性、产品促销、产品质量、广告效果评价、新产品的开发上市、市场预测等方面的内容。集体访谈法有许多种，在市场调研中，应用较广、影响较大的是头脑风暴法和德尔菲法。

二、市场预测

所谓市场预测，就是在市场调研的基础上，利用各种信息资料，运用科学的方法，对影响市场供求变化的各种因素进行调查研究，分析和预见其发展趋势，掌握市场供求变化的规律，为市场营销决策提供可靠的依据。市场预测是市场调研的发展与延续，是市场分析研究的结果。

市场预测是为了掌握现实及潜在市场需求量的发展变化。企业为使自己的产品最大限度地适应市场需要，不仅要运用市场营销原理对市场需求进行各种定性分析，进行市场营销环境分析，消费者市场、组织市场及其购买行为分析等，还必须运用科学的方法，从量的角度分析研究市场，估计目前和未来市场需求、企业需求规模的大小。

（一）市场预测的主要内容

市场预测的内容相当广泛，从不同的方面、不同的角度进行预测，包含的内容也有所不同。站在销售预测这个角度，市场预测主要包括以下内容：

1. 市场需求预测

市场需求预测是在一定时期、一定市场范围内，有货币支付能力的消费者对某种商品的需求，同时包括对这种需求的趋势分析和预测。其主要包含消费者需求与生产者需求两方面。具体内容为：

（1）需求总量预测。例如对购买力增长速度与总量、购买力投向及消费构成变化等进行预测。

（2）需求影响因素变化预测。即对引起需求变化的各种影响因素的变化趋势、变化时间、变化程度进行预测，以便寻求变化的深层原因。

（3）需求变化特征预测。即对未来消费者需求变化的特点做出预测。

2. 市场占有率预测

市场占有率预测主要预测企业市场占有率的发展趋势及其影响因素，充分估计竞争对手的变化，并对各种影响本企业市场占有率的因素采取适当的策略加以控制。市场占有率预测可以从三个方面进行：

（1）本企业产品市场地位的预测。例如预测产品质量水平、市场占有率的变化等。

（2）竞争对手情况的预测。例如预测竞争对手的数量、各自的实力变化、竞争对手可能采取的经营策略以及竞争对手对企业竞争策略的反应和影响程度等。

（3）对潜在竞争者的预测。例如分析预测是否会有潜在竞争者进入，他们可能采取什么样的经营策略进入市场等。

3. 产品发展预测

产品发展预测是企业制订产品、经营计划的重要依据，是企业市场预测的重点。它包括以下内容：

（1）现有产品生命周期的预测。主要是对与企业产品有关方面的科学技术的发展进行预测，如有关的新材料、新设备、新工艺的发展，新的替代品的出现等，以判断企业产品所处的生命周期阶段。

（2）新产品发展前景的预测。例如预测新产品的开发方向，顾客对新产品的结构、规格、质量、售价方面的要求，新产品上市后的销售量和市场需求潜力有多大等。

（3）产品资源变动趋势预测。例如预测该产品现有社会生产能力、产品总量、进出口量、储备状况的变化，影响产品生产总量及质量和性能的人力资源、物力、财力资源以及原材料辅料、能源动力、基础设施等因素的变化等。

4. 产品价格变动趋势预测

产品价格变动趋势预测主要是对产品价格涨落及其发展趋势进行预测。一般可以通过两种途径来进行。

（1）根据产品成本构成因素及其变化趋势，预测价格的变化趋势。

（2）根据供求关系对价格的影响，预测价格的变动趋势。

5. 对外贸易变化预测

国内市场和国际市场是相互联系、相互促进、相互制约的，对外贸易的发展变化直接影响国内市场的供求状况。因此，必须广泛收集有关信息资料对国际市场行情及发展趋势进行分析预测，及时调整出口产品的结构、价格、品种和数量。同时相应调节国内市场的供求关系以广泛开拓国际和国内市场。

（二）市场预测的基本步骤

市场预测的全过程是调查研究、综合分析和计算推断的过程。一个完整的市场预测，一般包括以下十个步骤：

第一步，确定预测目标。进行一项预测，首先必须明确预测的内容或项目，预测的目标关系到预测的一系列问题，如收集什么资料、怎样收集资料、采用什么预测方法等。只有目标明确，才能使预测结论符合决策要求。

第二步，收集、整理资料。正确的资料是做好预测的前提，所以营销人员应根据预测目标的具体要求收集预测所需的各种资料，并且对所收集的资料进行加工、整理和分析，辨别资料的真实性、完整性、可比性和可用性，对不完整和不可比的资料要进行必要的补充和推算，去掉那些不真实的、对预测无用的资料。

第三步，选择预测方法。市场预测的方法很多，各种方法都有自己的适用范围和局限性。实际工作中，主要是根据决策对预测结果的要求、占有资料的多少及完整程度、资料所呈现的数据之间的关系及其变化规律等，并结合开展预测工作的环境和条件，按照经济、方便、有效原则，选择合适的预测方法。

第四步，建立预测模型。预测模型是对预测对象发展规律的近似模拟。因此，在资料的收集和整理阶段，应对收集的资料采用一定方法加以整理，尽量使它们能够反映预测对象未来发展的规律，然后利用选定的预测技术确定或建立可用于预测的模型。例如，用数学模型法，则需要确定模型的形式并求出模型的参数；用趋势外推法，则要确定反映发展趋势的公式；用概率分析法，则要确定预测对象发展的各种可能结果的概率分布；用类推法，则要找到与预测对象的发展类似的事物在历史上所呈现的发展规律；等等。

第五步，评价模型。模型是利用历史资料建立的，它们反映的是事物发展的历史规律，因此，应根据搜集的有关未来情况的资料，对建立的预测模型加以分析和研究，评价其是否能够应用于对未来实际的预测。如果认为事物在未来的发展将不再遵循预测模型所反映的规律，则应舍弃该模型，重新建立可用于进行未来预测的模型。如果没有理由认为模型不能应用于预测未来的实际，就可以利用它进行预测。

第六步，利用模型进行预测。根据收集的有关资料，利用经过评价所确定的预测模型，就可计算或推测出预测对象发展的未来结果。这种计算或推测是在假设过去和现在的规律能够延续到未来的条件下进行的。

第七步，分析预测结果。利用模型得到的预测结果有时未必与预测对象发展的实际相符，因此，要分析预测误差产生的原因。主要有以下几种：①预测是在假设过去和现在的规律能够延续到未来的条件下进行的，但实际已发生了变化。②预测模型是对实际情况的近似模拟。③预测方法选择不当。④预测所用资料不完整或有虚假因素。⑤预测环境或影响预测对象的主要因素发生了重大变化。⑥预测人员的经验、分析判断能力有局限性。

第八步，编写预测报告。预测报告是对预测工作的总结。内容包括：资料收集与处理过程、选用的预测方法、建立的预测模型及对模型的评价与检验、对未来条件的分析、预测结果及其分析与评价以及其他需要说明的问题等。

第九步，提出预测报告。在上述各步骤的基础上提出全面的预测报告。报告中除了反映预测的内容、过程、结果和对预测结果的评价，还要介绍几种不同的决策方案，以及决策方案的依据和利弊得失，供决策人员比较和优选，为制定市场决策提供科学依据。

第十步，进行追踪和反馈。提出预测报告后，还要通过实践对预测结果进行最终的检验。检验预测的效益如何、准确程度怎样，有多大偏差、原因是什么，还存在什么问题、怎样采取措施补救等。

（三）市场预测的主要方法

开展市场预测，必须运用科学的方法。目前，经济发达国家已经应用的各种预测方法数以百计，其中广泛使用的也有几十种。归纳起来，这些方法可以划分为定性预测方法和定量预测方法两类。

1. 定性预测方法

定性预测方法是根据预测者的知识、经验和对各种资料的综合分析，对预测对象的发展变化趋势和状态进行预测的方法。其特点是，主要靠经验判断未来，有时也做一些量化分析作为判断的辅助手段。这种方法的优点是适用范围广、成本低、费时少，缺点是受预测者的主观因素影响大，较难提供准确数据为依据的预测值。在数据资料较少或不准的情况下，多采用此法。下面简要分析几种常用的定性预测方法。

（1）个人经验判断法。它是指预测者依据个人的经验和知识，通过对影响市场变化的各种因素进行分析、判断和推理来预测市场的发展趋势。在预测者经验丰富、占有资料详尽和准确的前提下，采用这一方法，往往能做出准确预测。

（2）集体判断法。这种方法就是由企业经理集合有关人员进行分析讨论，对未来市场形势做出预测判断。具体方式有两种：一是集中企业高、中层管理人员进行讨论预测；二是集中企业有经验的销售人员进行讨论预测。

这种方法的优点是：预测速度快，成本低，易于组织进行；能够集思广益，相互启发，避免个人判断的局限性。其缺点是：预测结果易受讨论气氛、权威人士和当时市场形势的影响，对问题的分析缺乏系统数据支撑。

（3）德尔菲法，又称专家调查法。德尔菲法是美国兰德公司在20世纪40年代末期开始使用的一种预测方法，现在被广泛应用。德尔菲法是通过发函询问的方式进行预测的，其具体做法是向选择的预测专家分别发函或调查表，提出问题，并提供进行预测的各种有关资料，要求专家背靠背地按照自己的想法提出预测意见，由预测组织把专家们的意见汇集、整理后，再将不同的意见及其理由反馈给每位专家，这样反复征询，逐步缩小各种不同意见的差距，得到趋于一致的预测结果。

（4）销售人员意见法。销售人员直接接触顾客，对市场有比较深入的了解，通过征询销售人员的意见进行预测，是企业经常使用的预测方法。这种方法的缺点是企业销售人员往往对总的形势和发展趋势把握不够，此外，销售人员也可能有意低估预测值，以减少下一年度的销售定额。虽然这种方法有些缺陷，但在实际中还是经常被企业采用，特别适用于直接销售的产品预测。

（5）顾客意见法。顾客意见法，是直接向潜在顾客征询购买倾向及购买意见后再经判断进行预测的方法。这种方法认为只有顾客最了解自己的需求，最有权决定自己货币的投向。只要全面询问顾客的意见，就可以得出准确的预测。这种方法多用于需求较稳定的生产者市场的预测。

2.定量预测方法

定量预测方法是根据历史和现状的统计资料，应用数学方法对预测对象的发展变化趋势进行预测的方法。在占有若干统计资料、预测对象的未来受突发性因素影响较小的情况下，选用适当的数学模型进行定量预测，可以得到比较满意的预测结果。但是，所选择和建立的数学模型不可能把所有因素都考虑进去，因此，定量预测的结果出现误差在所难免。定量预测方法很多，各种能够反映预测对象变化规律的数学模型都可作为定量预测方法使用。

定量预测方法主要包括时间序列法和回归分析法两大类。

（1）时间序列法。时间序列法的主要特点是，以时间推移研究和预测市场需求趋势，不受其他外界因素的影响。不过，当外界发生较大变化，如国家政策发生变化时，根据过去已发生的数据进行预测往往会有比较大的偏差。常用的时间序列法包括简单平均法、加权平均法、移动平均法、指数平滑法、季节波动分析法。

（2）回归分析法。回归分析法是在市场需求预测中普通使用的一类方法。回归分析法是找出预测对象和影响预测对象的各种因素之间的线性或非线性关系，并建立相应的回归方程进行预测的方法。所以，回归分析法可以是线性回归，也可以是非线性回归；可以是一元回归，也可以是多元回归。

第四节　市场营销策略

一、产品策略

（一）产品的定义

研究产品策略，必须明确产品的概念。所谓产品，是指能够提供给市场，用于满足人们某种欲望和需要的任何事物，包括实物、服务、场所、组织、思想、主意等。我们日常生活中所讲的产品是指企业提供给市场的具有特定用途的物品，具有实物形态。而市场营销中所讲的产品，既包括实物形态的产品，也包括劳务或服务；既包括核心产品部分，也包括形式产品部分和附加产品部分。

现代市场营销理论认为，产品包括核心产品、有形产品和附加产品三个层次。1995年，科特勒在《市场管理：分析、计划、执行与控制》专著的修订版中，将产品的概念由三层次结构说拓展为五层次结构说，即包括核心利益、一般产品、期望产品、扩大产品和潜在产品。产品是营销活动的载体和基础，产品策略是市场营销组合的核心，是企业市场营销活动的支柱和基石，因此，企业必须根据目标市场需要和市场定位，对企业可控制的各要素进行优化组合和综合运用，并使之相互协调，发挥各自优势，以取得更好的经济效益和社会效益。

（二）产品的种类划分

产品种类按不同分类标准有不同的划分。从营销角度看，产品依据购买者的购买动机和用途可分为消费品和工业品两大类。

1. 消费品

消费品是指个人或者家庭为最终消费而购买的产品。消费品按照消费者的购买行为特征可分为便利品、选购品、特殊品、非寻求品。

（1）便利品。价格低廉、消费者要经常使用且通常不需要花费很多时间和精力去购买的物品。

（2）选购品。品种规格复杂、选择性强，在质量、价格、花色、款式等方面需要反复挑选和比较才能决定购买的物品，选购品可分为同质品和异质品两种。

（3）特殊品。具有独特的品质特色或著名商标的产品。

（4）非寻求品。消费者不知道或虽然知道但一般情况下不想购买的物品，如新产品、保险产品等。

2. 工业品

工业品依据产品进入生产过程的方式及其与成本的关系划分为原材料和零部件、固定资产、供应品和服务。

（1）原材料和零部件。完全进入生产过程的、其价值一次性计入成本的产品。

（2）固定资产。价值部分地进入最终产品，并通过折旧逐次计入成本的产品。

（3）供应品和服务。不直接进入最终产品的、其价值分期摊入管理费用的产品。供应品包括生产供应品、维护用品和办公用品等。服务包括维修保养服务和业务咨询服务。

此外，产品按照是否耐用和是否有形，可分为非耐用品、耐用品和服务。

（三）产品生命周期的典型阶段

产品生命周期，是指产品的市场寿命，而不是指产品的使用寿命周期。产品生命周期是指产品从投入市场开始，直至最终退出市场所经历的市场生命循环过程。一种产品进入市场后，它的销售量和利润都会随时间推移而改变，呈现一个由少到多、由多到少的过程，就如同人的生命一样，由诞生、成长到成熟，最终走向衰亡，这就是产品的生命周期现象。产品只有经过研究开发、试销，然后进入市场，它的市场生命周期才算开始。产品退出市场，则标志着生命周期的结束。

典型的产品生命周期一般可分为四个阶段，即介绍（投入）期、成长期、成熟期和衰退期。

1.介绍（投入）期

新产品投入市场，便进入介绍期。此时，顾客对产品还不了解，只有少数追求新奇的顾客可能购买，销售量很低。为了扩展销路，需要大量的促销费用，对产品进行宣传。在这一阶段，由于技术方面的原因，产品不能大批量生产，因而成本高，销售额增长缓慢，企业不但没有利润，反而可能亏损。产品也有待进一步完善。

2.成长期

这一阶段顾客对产品已经熟悉，大量的新顾客开始购买，市场逐步扩大。产品大批量生产，生产成本相对降低，企业的销售额迅速上升，利润也迅速增长。竞争者看到有利可图，纷纷进入市场参与竞争，使同类产品供给量增加，价格随之下降，企业利润增长速度逐步减慢，最后达到生命周期利润的最高点。

3.成熟期

市场需求趋向饱和，潜在的顾客已经很少，销售额增长缓慢直至转而下降，标志着产品进入了成熟期。在这一阶段，竞争逐渐加剧，产品售价降低，促销费用增加，企业利润下降。

4.衰退期

随着科学技术的发展，新产品或新的代用品出现，顾客的消费习惯将发生改变，转向其他产品，从而使原来产品的销售额和利润额迅速下降。于是，产品进入了衰退期。

（四）不同阶段的产品营销策略

在产品生命周期的不同阶段，产品的成本、销售、利润、竞争态势及消费者行为等都具有不同的特点，针对不同阶段的特点，企业应制定相应的营销策略。

1. 介绍期的策略

这一阶段，企业的产品销量少，促销费用高，制造成本高，销售利润很低甚至为负值。因此，这一阶段企业应努力做到：投入市场的产品要有针对性；进入市场的时机要合适；设法把销售力量直接投向最有可能的购买者，使市场尽快接受该产品，以缩短介绍期，更快地进入成长期。该阶段常见的营销策略有：

（1）快速撇脂策略，即高价格和高促销策略。高价格有利于企业树立产品形象、获取较多毛利、回收成本和推动高强度促销；高促销有利于吸引目标顾客购买产品。采用这一策略的前提条件：产品有质量优势，消费者对产品品牌了解不足，但市场的容量较大并且稳定，产品的价格弹性较小，企业急于占领市场。

（2）缓慢撇脂策略，即高价格和低促销策略。其目的在于增加利润，回收资金，减少未来的风险。采用这种策略的条件：产品价格弹性小，市场容量稳定但不大或容量大但不稳定，竞争对手较弱，品牌作用不明显，企业注重短期收益而不注重长远的市场占有率。

（3）快速渗透策略，即低价格和高促销策略。该策略注重企业长远的占有率和规模优势，争取更多的潜在消费者。采用该策略的前提是：产品价格弹性大，降低成本，增加销量；产品市场容量大且稳定，市场竞争激烈；需要大量的资金支持，实力雄厚的大企业经常采用。

（4）缓慢渗透策略，即低价格和低促销策略。低价格有利于产品进入市场，低促销有利于产品竞争和降低成本。采用该策略的前提是：产品价格弹性大且市场容量大，低价本身就在争夺占有率；如果新产品是原有产品的改进品，消费者对产品的品牌已经熟悉，促销的作用不大。

2. 成长期的策略

新产品经过市场介绍期以后，消费者对该产品已经熟悉，消费习惯也已形成，销售量迅速增长，这时新产品就进入了成长期。进入成长期以后，老顾客重复购买，并且带来了新顾客，销售量激增，企业利润迅速增加，在这一阶段利润达到高峰。企业可以采用如下策略创造优势来提高产品占用率和增加利润。

（1）改善产品品质。例如增加新的功能，改变产品款式，发展新的型号，开发新的用途等。对产品进行改进，可以提高产品的竞争力，满足顾客更广泛的需求，吸引更多顾客。

（2）寻找新的细分市场。通过市场细分，找到新的尚未满足的细分市场，根据其需要组织生产，迅速进入这一新的市场。

（3）改变广告宣传的重点。把广告宣传的重心从介绍产品转到建立产品形象上，树立产品名牌，维系老顾客，吸引新顾客。

（4）适时降价。在适当的时机，可以采取降价策略，以激发那些对价格比较敏感的消费者产生购买动机和采取购买行动。

3. 成熟期的策略

成熟阶段是产品获利的黄金阶段，企业应采取积极的营销策略设法延长这个阶段的时间。另外，进入成熟期以后，产品的销售量增长缓慢，逐步达到最高峰，然后缓慢下降；产品的销售利润也从成长期的最高点开始下降；市场竞争非常激烈，各种品牌、各种款式的同类产品不断出现。主要营销策略有：

（1）改良产品。对原有产品进行创新，改进性能，提高质量，改进外观和款式。

（2）开拓新市场。进入成熟期，开拓市场主要是对企业现有市场进行深度的开发，如采用数量和价格捆绑折扣、提供会员优惠、改善售后服务等方式来稳定原有的消费者并增加重复购买率和购买数量。此外，还可重新细分市场，发现新的需求和新的目标市场，应用产品差异策略来扩大市场销售量。

（3）重新设计营销组合。即通过对产品、定价、渠道、促销四个市场营销组合因素的综合调整，刺激销售量的回升。常用的方法包括降价、提高促销水平、扩展分销渠道和提高服务质量等。

4. 衰退期的策略

衰退期的主要特点是：产品销售量急剧下降；企业从这种产品中获得的利润很低甚至为零；大量的竞争者退出市场；消费者的消费习惯已发生改变等。面对处于衰退期的产品，企业需要认真研究分析，决定采取什么策略，在什么时间退出市场。主要选择的营销策略有：

（1）持续策略。由于众多竞争者退出市场，暂不退出市场的企业的市场空间有所增加，在一定时期维持营销甚至缩减推销人员、减少促销费用等尚可获得一定利润。

（2）集中策略。由于市场容量衰退，一些目标市场的营销效率下降。应放弃低效率的目标市场，在一定时期内集中力量经营少数效率较好的目标市场。

（3）放弃策略。对衰退较快的产品，企业没有可能通过维持来获得或需要转移资源发展其他产品时，应当立即放弃该衰退产品。

（五）常见的品牌策略

品牌意味着市场定位，意味着产品质量、性能、技术、装备和服务等的价值，它最终体现了企业的经营理念。品牌是有灵魂、有个性、有环境特征的，是活生生的，在当今条件下，品牌甚至是无国籍的。高价值的品牌资产给企业带来很多竞争优势，如降低企业的营销成本、强化企业对中间商的控制、给企业带来溢价收入、易于开展品牌扩展、提供某些竞争保护等。在现代市场竞争中，越来越多的企业重视企业品牌的建设和保护。

在市场营销过程中，常见的品牌策略有如下六种。

1. 品牌化决策

品牌化决策是指公司是否要给产品安排一个名称，主要决定企业使用品牌还是不使用品牌的问题。

（1）使用品牌。品牌化决策的第一个决策是，企业是否一定给产品标上品牌名称。过去许多产品不用品牌，生产者或中间商把产品直接从桶、箱子等容器中取出来销售。但在当今市场条件下，品牌化发展如此迅速，以致很少有产品不用品牌。

（2）不使用品牌。首先，某些产品的本身性质决定其不能在制造过程中形成一定特性，不易与其他同类产品相区别，如电、自来水等，就没有必要使用品牌。其次，企业为了降低营销成本也可以不使用品牌。例如，可以决定将其产品大批量地卖给中间商，中间商再用自己的品牌将货物转卖出去。

在实践中，企业还可以根据实际需要决定哪些产品用自己的品牌，哪些产品用中间商品牌。

2. 品牌持有者决策

品牌持有者决策，即品牌所有权决策，就是使用谁的品牌。制造商在如何使用品牌方面有多种选择，产品可能以属于制造厂商的品牌推入市场，也可能被制造商厂商以一个经特许的品牌、名称推入市场。

（1）制造商品牌。有时称为全国性品牌，是由生产商所有并在全国范围内推广的品牌，如海尔企业。

（2）私人品牌，又称为中间商品牌或代理商品牌或经销商品牌。它是零售商或批发商创建并拥有的品牌，如乐购、家乐福等大型连锁超市都拥有大量的自有品牌。

（3）特许品牌。这是指一些不知名的企业会出巨资获得使用另一家企业品牌的权利，被使用的品牌通常具有较高的声望和知名度，并且往往与购买品牌使用权的企业不属同一个行业，如麦当劳。

（4）联合品牌。这是指（分属不同企业的）两个或多个品牌进行合作的一种形式，这些品牌在消费者心目中具有较高的认知度，而它们各自的品牌名称又都保留在联合品牌中，其中每个品牌的持有人都希望另一个其他品牌能够强化消费者的品牌偏好或者购买意愿。

3. 品牌名称决策

企业在为其生产的不同品类、规格、质量的产品选择品牌名称时，有以下四种品牌名称策略可供选择：

（1）个别品牌名称。采用这一策略的企业，不同的产品使用不同的品牌。例如，宝洁公司洗发用品。这一策略的主要优点是：便于企业产品分类。高、中、低档以及功能不同的各类产品并存于市场，以更好地满足顾客的不同需要；企业的声誉与众多品牌相连，扩大企业产品阵容，有利于提高企业声誉及企业整体在市场竞争中的安全感；每种产品采用不同的品牌能激励企业内部各品牌之间的创优竞争。这一策略的主要缺点是各品牌相对独立，增大了市场推广费用和推广难度。

（2）通用家族品牌名称。采用这一策略的企业对所有产品使用相同的家族品牌名称。例如，娃哈哈集团公司旗下各种产品都用"娃哈哈"这一品牌。这一策略的最突出优势在于不仅可以大大节约推广费用，还可以利用统一的品牌建立广告传播体系，使目标顾客产生强烈的、深刻的印象。尤其是利用已成功的品牌推出新品，能使新产品较快地打开市场，大大提高新品推广的成功率。但这一策略对产品线的扩展有较大限制，而且不同产品间的影响较大，增大企业整体在市场竞争中的风险。

（3）个别家族品牌名称。这一策略是企业对所有产品使用不同类别的家族品牌名称。

（4）公司加个别品牌名称。这一策略是企业对产品采用将公司商号名称和单个产品名称相结合的方法确定产品品牌名称。

企业规定品牌名称可以使企业易于管理订货，使企业有可能吸引更多品牌忠诚者，此外，还有助于企业细分市场，有助于树立良好的企业形象。但是产品品牌化也使企业增加了成本和费用，企业必须在经过权衡之后做出正确的品牌决策。

4. 品牌质量决策

企业做品牌决策时，还必须决定其品牌的质量水平，以保持其品牌在目标市场上的地位。所谓品牌质量，是指反映产品耐用性、可靠性、精确性等价值属性的综合尺度。企业品牌质量决策的步骤：首先，决定品牌的最初质量水平。品牌的最初质量水平，可以是低质量、一般质量、高质量或优质量。一般来讲，企业的盈利能力、投资收益率会随着品牌质量的提高而提高，但是不会直线上升，优质产品只会使投资收益率少量提高，而低质量品牌却会使企业投资收益率大大降低。其次，决定品牌的未来质量水平。企业决定其品牌的最初质量水平以后，随着时间的推移还要决定如何管理其品牌质量，以提高销售量、市场占有率和投资收益率。

5. 品牌战略决策

品牌战略将根据功能性品牌、形象性品牌或体验性品牌来区别定位。功能性品牌是指消费者购买主要是为了满足功能性的需要。如果消费者认为品牌提供了非凡的作用或非凡的价值，那么，他们在功能性品牌上就得到了最大的满足。这种品牌在很大程度上依赖"产品"或"价格"特征。形象性品牌的问世是由于出现了一些难以同其他产品区分、难以评价质量、难以表达用户感受的产品或服务。体验性品牌包括那些不仅仅希望获得商品的顾客。随着时间的推移，各种品牌也可以进一步延伸。一个企业可以采用产品线扩展、品牌扩展（品牌延伸）、多品牌、合作品牌或双重品牌策略。

（1）产品线扩展。产品线扩展是企业在同样的品牌名称下面，在相同的产品种类中引进新的项目，如新口味、新形式、新包装及增加成分形成新的产品。产品线扩展最有利的一面是新产品的存活率高，某些营销主管认为产品线扩展是建立一项业务的最好方法。当然，它也有风险，就是可能使品牌名称丧失其特定意义，陷入"产品线扩展陷阱"。

（2）品牌扩展。品牌扩展是指企业利用其成功品牌名称的声誉来推出改良产品或新产品，包括推出新的包装规格、香味和式样等。例如，美国卡夫食品公司生产的奥利奥自 1996 年进入中国市场后，逐渐成为最具影响力、最成功的饼干品牌，其利用这个品牌相继推出多个系列的新产品，很快打入市场，节省了宣传费用，其品牌效应影响甚广，奥利奥俨然成为 20 世纪文化中的一部分。

（3）多品牌。多品牌是指企业在相同产品类目中引进其他品牌。例如，宝洁公司产品在洗发液中就有飘柔、海飞丝、潘婷、沙宣等多个品牌。这一策略的优点显而易见：为不同顾客提供不同性能的产品以更好地满足顾客；

更多地占领分销商货架，形成强大的产品阵容，增强产品整体的竞争力。引进多品牌的陷阱是，每个品牌仅仅占领很小的市场份额，这可能毫无利润；企业把资源分配给过多的品牌，降低资源的使用效率。

（4）合作品牌，也称为双重品牌。合作品牌是两个或更多的品牌在一个产品上联合起来。每个品牌都期望另一个品牌能强化整体的形象或购买意愿。合作品牌的形式有多种。一是中间产品合作品牌，如典型的英特尔公司与世界主要计算机厂家的品牌合作。我们今天在市场上看到的惠普（HP）等名牌计算机，除原有品牌外均加上了"intel inside"的标识。二是合资合作品牌，例如中国移动为动感地带客户定制的手机上，会同时使用手机厂商的品牌标识和中国移动动感地带的品牌标识。

6. 品牌重新定位决策

即使品牌目前的表现极佳，当面临新的竞争者或顾客偏好的改变时，企业也需重新定位品牌，以应对不断变化的环境。无论品牌在市场中定位多好，公司随后都可能会采取重新定位决策，尤其是当竞争者继该公司品牌之后推出新品牌，争夺市场或消费者偏好改变，使得该品牌需求减少的时候。品牌重新定位就是对品牌进行再次定位，旨在摆脱困境，使品牌获得新的增长与活力。品牌重新定位与原有定位有截然不同的内涵，它不是原有定位的简单重复，而是企业经过市场的磨炼之后，对自己、对市场的一次再认识，是对自己原有品牌战略的一次扬弃。

品牌重新定位有企业本身的原因，也有外部环境的原因，一般表现在四个方面：原有定位是错误的；原有定位阻碍企业开拓新市场；原有定位削弱品牌的竞争力；消费者偏好和需求发生变化。

（六）常用的产品包装策略

包装是指企业对产品的容器、外部包扎物进行设计、装潢和制造活动。一般包括商标或品牌、形状、颜色、图案、材料等要素。包装可以起到美化产品、保护产品、提高产品的物流效率、识别产品、定位产品以及促进销售、增加盈利的作用。

企业要想充分发挥包装的营销作用就要科学地进行包装设计，应根据商品特点采用适当的包装策略，常用的包装策略有以下八种：

（1）无包装策略。无包装策略，即对商品不进行包装，是一种特殊的包装策略。对一些便利品、生活日用品，若消费者对商品价格很敏感，无包装可以降低经营成本从而降低售价，有利于扩大销售。例如农贸市场中的水果、蔬菜等。

（2）类似包装策略。类似包装策略，即企业的所有产品或某一产品线上的所有产品的包装，在材料、式样、文字、图案等方面都有很多相似之处，采用类似包装。类似包装策略有利于扩大产品销售，节省推广、宣传费用。

（3）等级包装策略。等级包装策略是指企业把所有产品按品种和等级不同采用不同等级的包装，分为精品包装和普通包装。这种策略的优点是：能突出商品的特点，与商品的质量和价值协调一致，并满足了不同购买水平的消费者的需求，但增加了设计成本。

（4）系列包装策略。系列包装策略，即将相关性强的一系列产品纳入一个包装中。这种组合包装既可以使顾客方便携带和使用，又能使企业通过捆绑扩大销售，降低营销费用。例如，针线盒、医药箱、一些化妆品的组合包装等。

（5）附赠品包装策略。附赠品包装策略是指在产品包装物上或包装内，附赠物品或奖券，吸引消费者购买。例如许多儿童食品的包装是采用此种策略。采用这种策略可以激发购买者的兴趣，吸引顾客重复购买。

（6）再使用包装策略。再使用包装策略又称为双重用途包装策略，即包装物在产品用完后，还可以做其他用途。这样可以利用消费者一物多用的心理，诱发消费者的购买行为，使顾客得到额外的使用价值，同时包装物在再使用过程中能发挥广告宣传作用。

（7）绿色包装策略。绿色包装策略又称生态包装策略，是指包装材料使用可再生、再循环材料，包装废弃物容易被处理及对生态环境有益的包装。采用这种包装策略易于被消费者认同，从而有利于企业产品的销售。

（8）改变包装策略。改变包装策略是指企业对产品原包装进行改进或改换，达到扩大销售的目的。改变包装包括包装材料的改变、包装形式和图案设计的变化、包装技术的改进等。当原产品声誉受损、销量下降时，可通过改变包装，制止销量下降。

总之，企业通过包装策略的灵活应用，可以加强与顾客的沟通，促进产品销售。企业应重视包装策略的研究与应用。

二、价格策略

价格是市场营销组合中最活跃的因素，也是企业可控因素中最难以确定的因素。定价是否得当，将直接关系到产品的销售量和公司的利润额。在市场营销环境不断变化的条件下，企业必须重视定价策略。

价格策略是企业营销组合的重要因素之一，它直接决定着企业的市场份额大小和盈利率高低。企业的定价决策受企业内部因素的影响，也受外部环境因素的影响。

（一）定价决策的影响因素

1. 内部因素

（1）营销目标。企业的定价目标规定了其定价的水平和目的。某一个产品的定价目标最终取决于企业的经营目标。一般来说，企业定价目标越清晰，价格越容易确定。而价格的设定，又影响利润、销售收入以及市场占有率的实现，因此，确定定价目标，是制定价格的前提。

（2）营销组合战略。价格决策必须与产品设计、销售和促销决策相配合，才能形成一个连续有效的营销方案。对其他营销组合变量所做的决策会影响定价决策。例如，靠许多转售商来支持促销产品的生产者，将不得不在价格中设定较大的转售商利润差额。

（3）成本。产品在生产经营中耗费一定的资金和劳动的货币表现就是成本，它是产品价值的基础，也是制定产品价格的最低经济界限，是维持简单再生产和经营活动的基本前提。产品的价格必须能够补偿产品生产、分销和促销的所有支出，并能补偿企业为产品承担风险所付出的代价。

（4）组织考虑。每个企业规模不同、财务状况不同、经销指标不同，企业价值取向不尽相同。对于追求利润型企业而言，高价格是企业选择定价方向；而对于追求市场份额的企业来讲，中、低价格定位是企业定价方向。同时根据企业自身状况需考虑综合因素（品牌、市场地位、推广费用、渠道建设情况、产品包装、产品规格）来制定价格。

2. 外部因素

（1）市场性质。与成本决定价格的下限相反，市场和需求决定价格的上限。在设定价格之前，营销人员必须理解产品价格与产品需求之间的关系。企业价格决策面临的竞争主要是与同行业生产者、经营者之间的竞争，尤其是市场处于买方市场的势态下，卖方间的竞争会更加激烈。企业价格决策者必须熟悉本企业产品在市场竞争中所处的地位，分析市场中竞争对手的数量，他们的生产、供应能力及市场行为，从而做出相应的价格策略。

（2）竞争对手。竞争价格因素对定价的影响主要表现为竞争价格对产品价格水平的约束。同类产品的竞争最直接表现为价格竞争。如果企业采取高价格、高利润的战略，就会引来竞争；而低价格、低利润的战略可以阻止竞争对手进入市场或者把他们赶出市场。如果企业试图通过适当的价格和及时的价格调整来争取更多顾客，这就意味着其他同类企业将失去部分市场，或维持原有市场份额要付出更多的营销努力，因而，在竞争激烈的市场上，企业都会认真分析竞争对手的价格策略，密切关注其价格动向并及时做出反应。

3. 其他外部因素

在设定价格时，企业还必须考虑外部环境中的其他因素，如经济、中间商、政府、社会关注问题等。以政府力量为例，在当今市场经济舞台上，政府扮演着越来越重要的角色。作为国家与消费者利益的维护者和代表者，政府力量渗透到企业市场行为的每一个角落。在企业定价方面的政府干预，表现为一系列的经济法规和调控政策。

（二）定价的方法与策略

1. 常见的定价方法

（1）成本导向定价法。这是以企业的生产或经营成本作为制定价格依据的一种基本定价方法。

（2）需求导向定价法。这是以消费者对产品价格的接受能力和需求程度为依据制定价格的方法。它不以企业的生产成本为定价依据，而是在预计市场能够容纳目标产销量的需求价格限度内，确定消费者价格、经营者价格和生产价格。

（3）竞争导向定价法。这是以市场上竞争对手的价格作为制定企业同类产品价格主要依据的方法。这种方法适宜于市场竞争激烈、供求变化不大的产品。

2. 常见的定价策略

定价策略，是指企业在特定的情况下，依据确定的定价目标所采取的定价方针和价格对策。它是指导企业正确定价的一个行动准则，也是直接为实现定价目标服务的，主要包括新产品定价策略、产品组合定价策略和价格调整策略。

（1）新产品定价策略。新产品定价关系到新产品能否顺利进入市场，企业能否站稳脚跟、能否取得较大的经济效益。常见的新产品定价策略主要有三种，即撇脂定价策略、渗透定价策略和满意定价策略。撇脂定价，又称"撇油"定价，意为提取精华，快速取得利润。这是一种高价策略，即在新产品投放市场的初期，利用消费者求新、求奇的心理动机和竞争对手较少的有利条件，以高价销售，在短期内获得尽可能多的利润。以后随着产量的扩大、成本的下降、竞争对手的增多，再逐步降低价格。渗透定价策略是与撇脂定价相反的一种定价策略，即企业在新产品上市之初将价格定得较低，吸引大量购买者，借以打开产品销路、扩大市场占有率，谋求较长时期的市场领先地位。满意定价，又称"均匀"定价。这是一种中价策略，即在新产品刚进入市场阶段，将价格定于高价和低价之间，力求买卖双方均感满意。

（2）产品组合定价策略。产品组合定价是指企业为了实现整个产品组合（或整体）利润最大化，在充分考虑不同产品之间的关系，以及个别产品定价高低对企业总利润的影响等因素基础上，系统地调整产品组合中相关产品的价格。主要策略有：产品线定价、任选品定价、连带品定价、分级定价、副产品定价、产品捆绑定价。

（3）价格调整策略。在市场营销过程中，企业通常需要针对顾客差异及形势变化调整它们的基础价格，包括折扣与折让定价、差别定价、心理定价、促销定价和地理定价。这些行为在现代市场活动中都是常见的，比较好理解。例如心理定价策略，是指销售企业根据消费者的心理特点，迎合消费者的某些心理需要而采取的一种定价策略。这种策略主要适用于零售环节。常用的心理定价策略包括尾数定价策略、整数定价策略、声望定价策略、习惯定价策略、招徕定价策略等。例如在商场购物时，经常能看到价格尾数为9的商品，即运用了尾数定价策略。

三、营销渠道

产品营销渠道亦称营销渠道网络，是指产品的所有权和实体从生产领域流转到消费领域所经过的通道网络。它由所有参与使产品从生产领域向消费领域运动的组织和个人组成，主要包括生产者、批发商、零售商、代理商和储运企业等。他们都是渠道成员，其中批发商、零售商和代理商通常被称为中间商。制造商只有与中间商、中介机构一起才能使产品由生产领域到达消费领域。

分销渠道主要具有市场调研、促进销售、开拓市场、编配分装、洽谈生意、实体储运、资金融通和风险承担八大职能。

（一）影响营销渠道的因素

（1）顾客特性。企业渠道设计受到顾客人数、地理分布、购买频率、购买数量以及对不同营销方式的敏感性等因素的影响。当顾客人数多、地理分布广、购买频率高、购买数量少时，生产企业适宜采取长与宽的渠道。

（2）产品特性。鲜活易腐产品、技术性强的产品、单位体积大或重量大的产品、单价比较高或有特色的产品易于采用比较短的分销渠道，尽量不通过中间环节。

（3）中间商的特性。中间商在执行运输、储存、促销等方面，以及信用条件、退货特权、人员训练和送货频率等方面都具有不同的特点和要求，也影响分销渠道的选择。

（4）竞争特性。企业分销渠道的选择与竞争者的策略有一定关系，这和企业竞争策略的选择相关。

（5）企业特性。企业本身的总体规模、能力和商誉影响渠道的选择。这涉及生产者能否控制分销渠道以及中间商是否愿意承担分销的职能。企业的产品组合和过去的渠道经验以及现行的市场营销政策也会影响渠道的选择。

（6）环境特性。企业分销渠道的选择受到宏观环境的影响。国家的政策法律、经济环境的变化都会影响企业的渠道设计。

（二）常见的营销渠道模式

营销渠道网络选择模式主要包括经销商模式、代理商模式、直销模式、垂直营销渠道网络、水平营销渠道网络、多渠道网络等模式。

经销商模式主要由生产商、经销商、批发商、零售商构成。国外比较大的生产企业大多采用这种经销商模式。它能够使生产企业利用经销商现有的网络，组织渠道批发系统和零售系统，将商品从生产企业传递到消费者手中。

代理商模式是国际上通行的分销方式。主要内容是通过合同契约形式，取得生产企业产品的代理销售权或用户的代理采购权，交易完成后收取佣金。

直销模式是指生产厂家直接将产品销售给消费者。这种销售方式主要包括上门推销、邮购、制造商自设商店以及现代互联网销售等。

垂直营销渠道网络是指由制造商、批发商和零售商组成的统一联合体，在一个系统内，渠道成员之间采取不同程度的一体化经营或联合经营。

水平营销渠道网络是指两家或两家以上独立公司通过某种形式的合作，共同开发新的市场机会而形成的渠道系统，目的是通过联合发挥资源协同作用和回避风险。

多渠道网络是为两个不同层次的顾客提供商品。一方面，企业利用经销商或代理商网络为一部分顾客提供商品；另一方面，企业通过自建的营销渠道网络为一些重要客户直接提供商品。

四、促销策略

（一）促销的内涵

促销是指企业通过人员推销、广告、公共关系和营业推广等各种促销方式，向消费者或用户传递产品信息，引起他们的注意和兴趣，激发他们的购买欲望和购买行为，达到扩大销售的目的。

促销一般通过两种方式：一种是人员推销，即推销员和顾客面对面地进行推销；另一种是非人员推销，即通过大众传播媒介在同一时间向大量顾客传递信息，主要包括广告、公共关系和营业推广等多种方式。

常见的促销形式包括媒体广告、户外广告、张贴横幅、店招展示、货架冰柜、生动陈列、零点陈列、优惠销售、捆绑销售、免费赠饮、店员推荐、树立好口碑、超市促销、广场促销、活动促销等。

（二）促销的常见策略

企业常见促销策略主要有以下两种：

1. 推式策略

推式策略，即以直接方式，运用人员推销手段，把产品推向销售渠道，其作用过程为，企业的推销员把产品或劳务推荐给批发商，再由批发商推荐给零售商，最后由零售商推荐给最终消费者。该策略适用于以下几种情况：企业经营规模小或无足够资金用以执行完善的广告计划；市场较集中，分销渠道短，销售队伍大；产品具有很高的单位价值，如特殊品、选购品等；产品的使用、维修、保养方法需要进行示范。

2. 拉式策略

拉式策略，即采取间接方式，通过广告和公共宣传等措施吸引最终消费者，使消费者对企业的产品或劳务产生兴趣，从而引起需求，主动购买商品。其作用路线为，企业将消费者引向零售商，将零售商引向批发商，将批发商引向生产企业。这种策略适用于：市场广大，产品多属便利品；商品信息必须以最快的速度告知广大消费者；对产品的初始需求呈现出有利的趋势，市场需求日益上升；产品具有独特性，与其他产品的区别显而易见；产品能引起消费者某种特殊情感。

第五章　企业人力资源管理

第一节　人力资源管理概述

对于企业而言，人力资源是最重要的、最有活力的关键性资源，成功企业的所有要素都需要通过人的设计和管理来实现，因此，人力资源的开发与管理是企业能否获得成功的关键。

一、人力资源管理的相关概念

（一）人力资源

"人力资源"一词是由当代管理学家彼得·德鲁克于 1954 年在其《管理的实践》一书中提出的。一般认为，人力资源是指具有劳动能力并愿意为社会工作的人口。劳动能力是体力劳动能力和脑力劳动能力的总和，这些能力能利用自然资源、信息资源等其他资源创造出新的价值财富。人力资源包括量和质两个方面。从量的角度划分，人力资源包括现实的劳动能力和潜在的劳动能力；从质的角度划分，人力资源包括脑力劳动能力和体力劳动能力。

人力资源区别于其他资源的最大特征，就是它是一种"活"资源，它具有以下七个特点。

（1）时限性，即人力资源的形成与作用效率要受其生命周期的限制。

（2）能动性，即人力资源在被开发的过程中，有思维与情感，能对自身行为做出抉择，更为重要的是人力资源能够发挥主观能动性，有目的、有意识地利用其他资源进行生产，推动社会和经济发展。

（3）再生性，即基于人口的再生产和劳动力的再生产，通过人口总体内个体的不断更替和"劳动力耗费—劳动力生产—劳动力再次耗费—劳动力再次生产"的过程得以实现。

（4）高增值性，即人力资源在开发和使用过程中，人所拥有的脑力和体力在被组织利用后能创造财富，同时通过知识经验的积累、更新，提升自身的价值，从而使组织实现价值增值。

（5）磨损性，即人力资源在使用过程中由于身体状况的变化，会出现有形磨损和无形磨损。劳动者自身的疾病和衰老是有形磨损，劳动者知识和技能的老化是无形磨损。

（6）两重性，即人力资源既是生产者，又是消费者，具有角色两重性。

（7）社会性，即人力资源的管理是以社会存在为前提条件的，由于社会政治、经济和文化水平不同，人力资源的质量也不同，会明显受到社会因素的影响。

（二）人力资源管理

人力资源管理，顾名思义，就是对组织中"人"的管理，也就是对组织所拥有的人力资源这一特殊的资源，通过计划、组织、协调和控制等活动进行处理。从管理角度考察，人力资源管理就是组织通过工作分析、人力资源规划、员工招聘和选拔、员工培训和开发、绩效考核、薪酬管理、员工关系管理等一系列手段来提高劳动生产率，最终实现组织发展的一种管理行为。

二、人力资源管理的目标

人力资源管理既要考虑组织目标的实现，又要考虑员工个人的发展，强调在实现组织目标的同时实现员工个人的全面发展。无论是专门的人力资源管理部门还是其他非人力资源管理部门，进行人力资源管理必须达到三个目标：最大限度地满足组织对人力资源数量和质量的需求；最大限度地开发组织的人力资源，保持组织的持续发展；有效地激励组织的人力资源，最大限度地发挥其潜能，使人力资本得到提升和扩充。

人力资源管理的最优目标就是用最少的人办最大的事，使每个人都能发挥自己的潜力和长处，并使人力资本不断升值。

三、人力资源管理的意义及职能

（一）人力资源管理的意义

现代人力资源管理的首要问题就是让企业更好地进行人力资源管理，包括三个层次：第一个层次是企业生存，也就是保证企业的生产经营处于正常状态；第二个层次是企业发展，也就是为企业带来更好的业绩；第三个层次是企业强盛，也就是让企业的竞争优势更为突出。

通过人力资源管理来促进企业竞争优势的发挥是现代人力资源管理的第二个目标，主要包括六个方面：①为企业带来所需的人力资源；②为企业培养和开发好人力资源；③为企业使用好人力资源；④为企业协调好人力资源；⑤为企业激励好人力资源；⑥为企业维护好人力资源。

（二）人力资源管理的职能

获取、配置、激励、开发、评价以及维护是现代人力资源管理的六个基本职能。

（1）获取指的是让人力资源符合企业各种目标的需求。

（2）配置指的是让每个员工都能够胜任自己的工作。

（3）激励指的是让员工充分发挥自身的创造能力，积极地投入工作中并且忠诚于企业。

（4）开发指的是发掘和释放员工潜在的工作能力，为实现企业目标贡献力量。

（5）评价指的是从客观的角度来评价员工的个人、组织和团队业绩，找到不足之处并予以调整。

（6）维护指的是要保证员工的权利和利益，让同级员工之间、上下级之间、企业与员工之间、管理者与被管理者之间不仅存在合作的关系，还存在良性竞争的关系。

第二节 工作分析与人力资源规划

一、工作分析

（一）工作分析的界定

工作分析是指全面了解、获取与工作有关的详细信息的过程。具体来说，是对组织中的某个特定职位的工作内容和工作规范（任职资格）的描述和研究的过程，即制定工作说明书的系统过程。

工作分析的过程主要从两方面出发，一方面是对工作进行的研究，即工作本身；另一方面则是对从事工作的工作人员的特性进行的研究，需要研究此工作人员胜任岗位所需具备的条件等，即任职资格研究。对工作本身的研究主要包括对职位设置目的的研究、对职位工作人员所需承担的工作任务与职责的研究、对各个职位之间关系的研究等。对任职资格的研究主要是指对收集到的该职位各个方面的相关信息进行分析，包括职位的任务、职位的职权、职位的工作条件、职位的认知资格等，来明确规定该职位的工作以及工作所需的条件、行为、人员等。最后，通过工作的分析形成一系列工作规范以及对工作的描述。对于人力资源管理和开发来说，这是一个必不可少的过程。

（二）工作分析的一般程序

工作分析是组织中的一项常规性、基础性工作，同时也是一项连续性、动态性工作。通常，当遇到新组织或组织的新部门、新工作产生，组织战略发生调整，组织中引入新流程、新工艺导致工作发生变化，组织现行管理体系和业务流程运行不畅，以及人力资源管理工作缺乏信息基础等情况时，组织就应该开展工作分析这项工作。工作分析一般包括准备、实施、完成和运用四个阶段。

1. 准备阶段

（1）确定工作分析的目的和用途。要明确分析资料到底是用来干什么的，要用来解决什么问题。工作分析的目的不同，所要收集的信息和要使用的方法也有所不同。只有目的确定了，才能进一步选择利用哪些信息源，怎样收集信息以及怎样分析，这是构建工作分析系统的依据。

（2）制订总体实施方案。为了使工作分析的实施过程有计划、有条理，企业应进一步制订工作分析的总体实施方案。方案内容包括，工作分析所需收集的信息内容、工作分析方法的选取、工作分析应提供的结果、工作分析的组织形式与实施者、工作分析的过程、工作分析的时间安排以及预算等。

（3）人员方面的准备。为了保证工作分析的顺利进行，企业在准备阶段还要成立一个工作分析项目组，具体负责工作分析活动的组织和实施。项目组应由公司高层主管领导牵头，其他成员包括人力资源部经理、专业咨询顾问、关键部门管理人员以及其他熟悉本部门情况的人员。项目组的建立有利于组织上下的思想统一，有利于工作的顺利开展，有利于工作分析结果的客观性和科学性。

人员培训是准备工作的重要内容，既要有思想上的准备，又要有业务技术上的准备。要由外部专家和顾问对本企业参加工作分析项目组的人员进行业务上的培训，针对不同的人员，培训内容应有所区别。项目经理是整个项目的核心专家，除了要具备专业上的最终决策能力，还要具备强大的沟通协调能力和高层运作能力；工作分析师应熟练使用各种工作分析方法，具备敏锐的洞察力、较强的总结分析能力和高度的责任感；信息收集人员应具备良好的书面表达能力、口头交流能力、分析能力，能够准确理解职位分析目的，严格按照程序操作。

（4）其他的必要准备。由于工作分析收集信息广、影响面大、参与人员众多，事先需要进行必要的联系、宣传和沟通，以获取高层管理者的支持和直线管理者的配合，给员工应有的心理准备，减轻员工的顾虑和压力，营造良好的工作氛围。同时，对于各部门参加工作分析项目组的人员，部门管理人员应对其工作进行适当调整，确保他们有充足的时间开展分析工作。

2. 实施阶段

经过充分的准备，接下来就进入工作分析的具体实施阶段。

（1）信息的收集。工作分析需要收集的信息包括三个方面：工作的外部环境信息、与工作相关的信息和与任职者相关的信息。

上述信息一般从以下几个渠道来获得：工作执行者、管理监督者、分析专家、顾客、客户、职业名称词典、行业标杆和以往的分析资料。企业通过这些渠道收集信息时，需要注意由于各种主客观因素的存在，不同的信息源提供的信息会有一定程度的差异。例如，工作执行者在提供信息时往往会夸大工作难度；而顾客在提供信息时也会从自己的利益出发，从而导致某些信息特别是与绩效有关的信息与实际情况不符。因此，工作分析人员应从中立的立场掌握不同的信息，必要时要亲自参与有关工作活动，以期掌握比较准确可靠的信息。

（2）信息的整理分析。

第一，整理信息。将收集的信息按照工作说明书的各项要求进行归类整理，看是否有遗漏项目，如果有的话，返回上一步骤，继续进行调查。

第二，审查信息。信息进行归类整理以后，工作分析项目组要对获得的工作信息的准确性进行审查，如有疑问，须找到相关人员进行核实，或者返回上一步骤，重新进行调查。

第三，分析信息。收集的信息经整理审查后，接下来就要进行系统的分析，从而揭示各个职位工作的主要成分和关键因素。分析要坚持以目前的工作现状为基础，针对职位而不是任职者来开展，要依据事实但又不能简单罗列，应在对信息加工组合的基础上形成工作说明书初稿。

3. 完成阶段

工作分析结果通常为每个职位的工作说明书。在结果形成阶段，需要对收集的信息进一步审查和确认，进而形成工作说明书。这一阶段主要包括审查确认工作信息和形成工作说明书。

（1）审查确认工作信息。对于形成的工作说明书初稿，可以通过两种途径进行审查检验。一是通过组织内部沟通渠道，进行公开讨论，广泛征询组织成员的意见、建议；二是召开主题专家会议（SMEs），召集熟悉目标职位工作和与目标职位高度相关的人员，包括任职者、直接上司、曾经任职者、客户等，就目标职位的相关信息展开讨论，确定信息的准确性、完整性以及各种标准的可操作性。

（2）形成工作说明书。根据工作分析收集的信息以及审查确认的情况，形成工作说明书。在工作说明书的形成过程中，要将其与实际工作进行对比，根据对比结果决定是否需要进行再次调查和修正信息。对于特别重要的职位，其工作说明书应反复多次核对，确保科学客观。

4. 运用阶段

（1）工作说明书的培训与使用。工作说明书是由专业人员编写的，而其使用者是实际从事工作的人员。在进行工作说明书使用培训时，一方面，要让使用者了解工作说明书的意义与内容，了解工作说明书中各部分的含义；另一方面，要让使用者了解如何在工作中运用工作说明书。例如，如何根据工作说明书与下属员工确定工作目的和标准、如何根据工作说明书考核员工并提出对员工的培训需求等。工作说明书的使用，就是要将工作分析的描述成果进行延伸和扩展，制定相关具体可行的文件，如岗位绩效指标、操作规范等，并运用到人力资源管理职能活动中，以提高管理的科学性和规范性。

（2）工作说明书运用效果反馈与调整。在工作说明书使用过程中，应针对适用性，积极收集使用者的反馈意见，及时修订不适应组织结构和工作内容的部分。同时，随着时间的推移，外部环境和组织本身都会发生变化，工作内容也会发生变化，组织现有职位的性质、内涵和外延都会发生变化，因此必须及时地进行相应调整或开展新一轮的工作分析。

（三）工作分析的方法

科学的工作分析方法是工作分析成败的关键，会对工作分析结果的科学性、规范性和有效性产生重要影响。不同的组织所进行的调查分析的侧重点会有所不同。工作分析是一项多层次、多种类、适应面广的管理技术。实践中因工作分析目的、工作分析对象的差异形成了许多不同的工作分析方法，下面主要介绍常用的三种方法：

1.访谈法

访谈法是指职务分析方面的专家与被分析职务的工作人员展开的面对面的谈话。谈话内容主要包括工作的目标与内容、工作的性质与范围、工作所需掌握的知识与技能等。通过访谈应该得到与该职位相关的信息，主要包括：该职位对企业的作用；该职位的报酬；对该职位的工作应该如何评价；该职位的任职条件以及主要工作等。除此之外，为了使得到的资料真实有效，对于同一工作的工作分析来说，企业应随机抽取多名该职位工作人员进行访谈，力求真实。

因为访谈法需要具备一定的技巧与技能，所以职务分析专家都需要接受专业的训练。但是这也使这种方法存在成本较高、耗时较多等问题，并且谈话效果易受谈话双方的谈话技巧所影响。因此，在访谈过程中应注意：用真诚热情的态度面对被访谈者；尊重被访谈者，语言要恰当；营造良好的氛围以使被访谈者放松心情；访谈过程中需要做适当的引导与启发，避免发表个人观点等。

2.问卷调查法

在一定的时期内，通过向选定的员工分发设计好的问卷，以获得相关信息的方法便是问卷调查法。大多职务调查由该职务的工作者填写基本信息，包括工作的内容、工作时间上的要求、工作的环境、工作的劳动强度、工作执行者所需要掌握的知识技能等。

调查问卷标准的设计有两种：一是开放式调查问卷，二是封闭式调查问卷。开放式调查问卷给定调查对象一个回答题目，调查对象可以根据题目设定的范围自由发挥。在开放式的调查问卷中，调查对象可以根据实际情况，任意回答问题。例如："请描述一下你所从事工作的工作职责和内容。"调查对象可以抽象出其工作职责和工作内容，也可以描述每天的具体工作。而在封闭式调查问卷中，被调查者要从所给答案中选择最合适的答案。封闭式调查问卷往往列出事例的任务或行为，被调查者只能根据实际工作要求对工作任务是否执行或行为是否发生做出回答，而不能随意发挥。

应该说，开放式调查问卷和封闭式调查问卷各有特点。开放式调查问卷回答范围广阔，收集信息比较全面，但是回答面太宽，难以对收集的结果进行分析和整理，因此，它适合答案多样化的问题以及具有较高文化素质的调查者。封闭式调查问卷答案标准化，便于准确回答问题，提高问卷回收率，方便进一步统计和分析，但是备选答案不够全面，收集信息的面较窄，适用于答案简单、内容标准化的问题。综上所述，开放式调查问卷和封闭式调查问卷各有优缺点，因此，无论使用哪种问卷设计方式，都要从具体分析内容出发进行设计。而在实际工作中，往往采用一部分问题设计为开放式、一部分问题设计为封闭式的混合式问卷，从而综合两种问卷优点，取得较好的信息收集效果。

3. 观察法

观察法就是工作分析人员在工作现场，在不影响被观察人员正常工作的条件下，运用感觉器官或其他工具，针对某些特定的作业活动，通过观察将有关工作的内容、方法、程序、设备、工作环境等信息记录下来，并在此基础上归纳分析有关的工作因素，达到分析目的的一种方法。

观察法用于标准的、工作周期短的体力劳动，如自动流水线上的员工、保险公司的档案人员及仓库保管人员所进行的工作。工作分析人员在从事这些工作的人员中挑选出一个有代表性的人员进行观察。观察法通常不适用于涉及重要的脑力劳动的工作，如科学研究者、律师或者数学家的工作。观察的技巧要求训练工作分析人员观察与工作相关的行为。在进行观察时，为了尽可能避免唐突，工作分析人员必须站在一旁，以免打扰工作人员工作。

运用观察法时，观察人员应注意以下三点：

（1）所分析的职位工作任务应相对稳定。在一定时期内，工作职责、工作内容、工作程序、工作环境不会发生明显变化。

（2）一般来说，观察法适用于外显特征较明显、工作标准化程度高、周期较短的工作岗位，如生产线上工人的工作、会计员的工作等，不适合长时间的心理素质的分析以及工作循环周期很长的、脑力劳动的工作。

（3）工作分析人员要有丰富的实际操作经验，善于从表象中发现和提炼工作的特征。

二、人力资源规划

对任何企业来说，建设一支高水平、高素质的人才队伍是实现企业目标的保证。要做到这一点，就必须对企业人力资源管理进行规划。

人力资源规划是从企业战略规划和发展目标出发，根据其内外部环境的变化，预测企业未来发展对人力资源的需求以及为满足这种需要提供人力资源的活动过程。

以往的观念认为，人力资源规划是组织将数量与质量合适的人员安排到恰当的工作岗位上，它与组织的战略目标相适应，满足组织未来活动的人员需求。这种观念只考虑了组织的利益，很少顾及员工个人利益。现代观念认为，人力资源规划应当兼顾组织和员工双方的利益。如果在制定或者执行人力资源规划的时候，不考虑员工个人利益，对于组织和员工个人都是不利的，其后果往往是优秀员工外流，组织缺乏凝聚力，组织内部不和谐、缺乏朝气和活力。

（一）人力资源规划的内容层次

企业人力资源规划的内容就是最终结果，包括以下两个层次：

1. 人力资源总体规划

人力资源总体规划也称人力资源战略性规划。主要依据企业发展战略规划，通过建立人力资源信息系统，预测人力资源供给和需求状况，指出满足企业人力资源需求的总原则和指导性措施，阐明人力资源管理的重大方针、政策和原则，确定人力资源管理工作投资的预算等问题。

2. 人力资源业务规划

人力资源业务规划也称人力资源战术性规划。一般包括人力资源的各项业务计划，具体包括人员补充规划、培训开发规划、人员分配规划、人员晋升规划、工资奖励规划、劳动关系规划、退休解聘规划等内容。这些业务规划是总体战略性规划的具体化，每一项业务规划都由目标、任务、政策保证、实施步骤及经费预算等组成。

（二）人力资源规划的作用体现

第一，有利于组织制定战略目标和发展规划。人力资源规划是组织发展战略的重要组成部分，受组织战略的制约和影响，并且需要与组织战略的要求相适应。反过来，人力资源规划的制定和完善也有利于组织制定适宜的战略目标和发展规划。

第二，确保组织生存发展过程中对人力资源的需求。在市场竞争激烈的环境中，不同的企业、不同的生产技术条件，对人力资源的数量、质量、结构等方面的要求是不一样的。人力资源部门必须分析组织人力资源的需求和供给之间的差距，制定各种规划来满足组织对人力资源的需求。

第三，有利于人力资源管理活动的有序化。人力资源规划是企业人力资源管理的基础，它由总体规划和各种业务计划构成，为管理活动（如确定人员的需求量、供给量、调整职务和任务、培训等）提供可靠的信息和依据，进而保证管理活动的有序化。

第四，有利于控制人力资源成本。人力资源规划有助于检查和测算人力资源规划方案的实施成本及其带来的效益。要通过人力资源规划预测组织人员的变化，调整组织的人员结构，把人工成本控制在合理范围内，这是组织持续发展不可缺少的环节。

第五，有利于促进人力资源的开发。通过人力资源战略规划的制定与实施，组织内各级人员可以了解人力资源开发存在的问题，并将问题解决在萌芽状态。可以说，人力资源战略规划也是人力资源的开发工作，对满足员工的需要、调动员工的积极性与创造性有巨大作用。

（三）制定人力资源规划的步骤

人力资源规划的目的是通过制定规划保证人力资源战略符合组织的发展需要，企业可以通过以下步骤制定人力资源战略规划：

1. 收集信息

人力资源规划的信息可通过人力资源信息系统来获取。拥有这一系统的组织，收集和分析信息的效率要高一些。无论有无人力资源信息系统，信息的收集都要从组织内外两个环境来分析，如表5-1所示。

表 5-1　人力资源规划信息

外部环境信息	内部环境信息
宏观经济形势	组织战略规划
行业经济形势	战略规划的战术计划
技术的发展状况	战略规划的行动方案
产品市场的竞争性	组织结构
劳动力市场	组织文化
人口和社会发展趋势	其他部门的规划
政策管制情况	人力资源现状

2. 预测人力资源的供需

人力资源的供给和需求预测是人力资源规划的核心部分，也是技术要求最高的部分，供需预测的准确性直接决定人力资源规划的成败。

（1）人力资源需求预测。需求预测主要根据组织战略规划和组织的内外条件，选择预测技术，然后对人力资源需求结构和数量进行预测。影响人力资源需求预测的因素主要有：①组织的业务量或产量。②预期的人员流动率。③提高产品或劳务的质量及进入新行业的决策。④生产技术水平或管理方式的变化。⑤组织所拥有的财务资源。最简单的人力需求预测是先预测组织产品或服务的需求，然后将这一预测转化为满足产品或服务需求而产生的对员工的实际需求。

（2）人力资源供给预测。人力资源供给预测包括两部分：一是内部拥有量预测，即根据现有人力资源及其未来变动情况，预测出各规划时间点上的人员拥有量；二是外部人力资源供给量预测，确定在各规划时间点上的各类人员的可供给量，主要考虑社会的受教育程度、本地区劳动力的供给状况等。

3. 制定人力资源供需平衡规划

在充分掌握人力资源的供需预测后，可以根据组织的具体情况，制定相应的措施，以实现组织人力资源供求的平衡。

4. 制定人力资源规划

人力资源规划的制定就是根据前面对供需平衡的需要制定各种具体的规划，但重点要做好三方面工作：一是设计新的组织结构，能够吸引、容纳、保留、激励员工。二是设计有效的替换计划和继任计划。替换计划主要适用于一般员工，继任计划主要适用于管理者。三是设计裁员计划。裁员是企业由于各种原因在人力资源供大于需或供不适应需时的重要活动，是人力资源计划的重要组成部分。裁员计划要适当、适度、适时。

5. 实施人力资源规划

在人力资源规划政策的指导下，确定具体的实施方案。人力资源规划实施过程必须有专人负责既定方案的实施，要确保不折不扣地按规划执行。

6. 评估与反馈

对人力资源规划实施的效果进行评估是整个规划过程的最后环节。由于预测不可能做到完全准确，人力资源规划不是一成不变的，它是一个开放的动态系统。

第三节　员工招聘与配置

一、员工招聘概述

（一）招聘的概念理解

招聘就是指通过不断搜集有关信息，进行筛选，做出取舍决定等活动，把具有一定能力和资格的适当人选吸纳到组织空缺职位的过程。

一般情况下，组织招聘的任务主要在以下三种情况下提出：新成立一个部门；人员队伍结构不合理，在裁减多余人员时需要补充短缺人才；晋升、退休等造成职位空缺。

系统的人员招聘工作一般是以下列四种理论假设为基础的：每一职位都有相对稳定的对人的能力和资格要求；每个人都有相对的能力特长和基础素

质；职位的要求与人员的能力特征和基本素质相匹配；人与职位之间的良好匹配会产生较好的工作绩效，以及组织绩效。这些假设隐含更深一层的意思，即职位所要求的能力特征是随着时间的变化而变化的，而个体的素质和能力也会发生变化。因此，在招聘中，还应当对职位要求与个体能力等进行具体而准确的动态测量。

（二）招聘的基本原则

员工招聘是一项政策性和社会性较强的活动。企业在招聘时应当遵循以下原则：

（1）遵守国家有关法律、法规和政策的原则。例如，在招聘中坚持机会均等、相互竞争等原则；不歧视妇女，同时要注意照顾特殊群众；先培训后就业。由于用人单位的原因订立无效劳动合同或违反劳动合同，用人单位应自觉主动承担责任。

（2）择优录用的原则。要根据企业人力资源规划工作需求和工作说明书中对应职人员的要求，运用科学的方法和程序展开招聘工作，以保证录用人员的质量。

（3）效率优先的原则。力争用尽可能少的招聘费用，招聘到高素质的人才，努力降低招聘成本，提高招聘的工作效率。这里的招聘成本包括：招聘所花费用，即招聘费用；因招聘不慎，重新再招聘时所花费用，即重置费用；因人员离职给企业带来的损失，即机会成本（费用）。

（4）因事择人的原则。因事择人是根据岗位，选择有相当资格条件的人员担任，这样才能专人专用、适才适所。

（5）公开和公平竞争的原则。通过公开的招聘渠道能吸引足够多的应聘者；通过公平竞争能使人才脱颖而出，能够吸引到真正的人才，进而能够对企业内部员工起到激励作用。

二、招聘渠道的选择

一旦企业决定增加或重新配置员工，就面临着"如何选择渠道寻找适合的申请者"这一问题。职位申请者可能来自组织内部，也可能来自组织外部，因此，人力资源管理者需要采取有效措施将招聘信息传递给内部和外部的潜在申请者。招聘渠道的选择将会直接影响招聘的效果。

（一）内部招聘渠道

内部招聘渠道是从组织的内部员工中寻找合格人才，实际上是对企业内部人力资源进行优化配置的一种方式，主要通过内部竞聘、内部推荐、员工兼职、内部晋升等多种形式进行。

1. 内部竞聘

在组织内部招聘空缺职位的合适人选，组织需要了解在现任员工中有谁可能对空缺职位感兴趣，将这些感兴趣的员工组织起来参与竞聘，通过技能清单和就职演说等方式来鉴别可能的胜任人选。竞聘的前提是明确告知组织内部员工目前的空缺职位，通过会议、公告牌、内部刊物、内部网站等方式对招聘信息进行有效传递。

2. 内部推荐

许多企业采取内部员工推荐的方法来招聘新员工，鼓励员工推荐自己的朋友或亲属参加空缺职位的选拔。一些组织甚至采用金钱激励的方式，为成功的推荐支付"发现者酬金"。内部推荐的优点是招聘活动成本较低，被推荐者具有良好的信用基础和较好的素质。据了解，美国微软公司40%的员工都是通过内部推荐的方式获得的。但是，企业采用内部推荐时必须谨慎，避免内部形成非正式组织。

3. 员工兼职

如果是暂时性短缺的岗位或者少量的额外工作，组织可以采用内部兼职的方式进行招聘，给员工提供各类奖金而不纳入计时工资，这样可以吸引有余力的员工兼任第二份工作。需要注意的是，管理者必须建立相应的"兼职制度"，包括沟通绩效期望、预防利益冲突、保护经营信息等内容。

4. 内部晋升

内部晋升是从组织内部获取管理者的一种途径。从内部晋升的管理者有着自身的优势，比如业绩、才能、服众等。相对于从外部引进的"空降兵"而言，内部晋升的管理者熟悉组织的业务，了解组织发展中的优势与不足，认同组织的文化和价值理念。但是，内部晋升的管理者可能会受到思维定势、人际关系等阻碍，缺乏改革创新的动力。

（二）外部招聘渠道

外部招聘渠道就是根据企业发展的用人需求，从外部把优秀、合适的人才吸引到企业。如果组织内部没有足够的候选人可供挑选的话，就必须把目光转向外部以补充劳动力。外部渠道招聘有很多种形式，发展相当成熟的渠道包括广告媒体招聘、职业机构招聘、校园招聘、招聘会、网络招聘等。

1. 广告媒体招聘

企业可以在各种媒体上刊登招聘广告以获得新员工，最常见的是在报纸杂志上公告企业空缺职位的相关信息，以吸引对职位感兴趣的潜在人选。外部招聘可供使用的广告媒体还有户外广告牌、电视广告等。有效的招聘广告可以体现企业的整体形象，所以在进行招聘广告设计时要突出企业文化及价值理念。此外，随着我国公民权利意识的增强及劳动法律法规的日臻完善，招聘广告必须符合劳动法律法规，否则会使企业陷入法律纠纷。

2. 职业机构招聘

随着人才流动的日益普遍，各类人才交流中心、职业介绍所、猎头公司等劳动与就业服务中介机构应运而生。这些机构扮演着双重角色：既为单位选人，也为求职者择业。借助这些平台，单位和求职者均可获得并传递大量信息。这些机构通过定期或不定期举办活动（如交流会、洽谈会等）使双方面对面交流，提高了招聘的成功率。

职业机构包含两类，一类是人才交流中心、职业介绍所等，另一类是猎头公司。

人才交流中心等服务机构专门发布各类企业的招聘需求信息，并承担寻找和筛选求职者的工作。这些机构常年为单位服务，一般建有人才资料库，用人单位可以方便地从资料库中搜寻具备相关条件的人员。通过人才交流中心选人的招聘方式具有针对性强、费用低廉等优点，但该方式不适用于对信息技术、金融等热门专业人才或高层次人才的招聘。

猎头公司是适应企业对高层次人才的需求与高级人才的求职需求而发展

起来的。在国外，猎头服务早已成为企业招揽高级人才和高级人才流动的主要渠道之一。我国的猎头服务近些年发展迅速，越来越多的企业开始接受这种招聘方式。

3. 校园招聘

传统意义上的校园招聘就是由组织派出专员或招聘代表到校园向毕业生宣讲企业发展近况并组织面试工作。如今的校园招聘已经变得更加富有创造性。例如，企业通过校园选拔竞赛方式建立全面的沟通框架，让应聘双方在一定程度上真正融入对方并了解彼此的诉求，从而使校园招聘取得意想不到的效果。比如："欧莱雅校园企划大赛""华硕校园精英培训营""可口可乐校园总经理招聘""安利（中国）管理培训生校园招聘"。

毋庸置疑，开展富有挑战性和高参与度的校园选拔活动是"双赢"的过程。对于企业而言，一方面，学生是校园文化的传播者，他们会将活动中的感受和体验传播给更多受众，帮助企业传播雇主品牌形象；另一方面，企业通过选拔活动来考察学生的职业倾向、团队合作等能力，从而找到适合的人才。对于学生而言，通过参与这些活动，他们能接触到真实的企业，切身体会到"想象中的企业"与"真实的企业"之间的差距，帮助规划职业生涯，选择适合自己的企业，还开阔了眼界，这些活动经历将成为他们择业的重要参考。

4. 招聘会

为了满足企业招聘需求，主办方承办招聘会，企业租用展位或展厅传递招聘信息，应聘者按照招聘会举办时间到既定的场所参加招聘会，投递简历。在招聘会中，企业和应聘者可以直接进行接洽和交流。随着人才市场的日臻完善，招聘会呈现出专业化发展的趋势，即面向特定群体举办专场招聘会，如校园招聘会、下岗职工招聘会、海归人才招聘会、某行业人才招聘会等。面对各种类型的招聘会，企业在进行选择时，一般要考虑以下三个方面：一是明确企业所需要的人员类别，从而选择合适的招聘会；二是了解招聘会的范围、对象、其他参加企业、举办时间及地点，结合自身的情况有所选择；三是了解招聘会的宣传力度、参会人员的规模。

5. 网络招聘

很明显，网络招聘已经成为全球最主要的招聘手段之一。企业可以通过两种方式进行网络招聘：一是在企业自身网站上发布招聘信息，搭建招聘系统；二是与专业招聘网站合作，如中华英才网、前程无忧、智联招聘等，通过网站发布招聘信息，利用专业网站已有的系统进行招聘活动。

互联网作为招聘手段流行的原因有很多。从组织的期望来看，网络招聘依赖互联网技术搭建的先进的信息平台，宣传覆盖面广、招聘成本低、时间投入少、效率高，但网络招聘也存在一些问题，如信息处理难度大、虚假信息大量存在、应聘者个人信息泄露等。

（三）内外招聘渠道的比较与平衡

内部招聘渠道和外部招聘渠道都有各自的优势和不足。如果将两者结合起来，相辅相成、优势互补，就能实现企业的招聘计划。

1. 内外渠道比较

（1）内部招聘渠道的优势。内部渠道除了招聘成本低、可信度高，它突出的优势还有：

第一，能够对员工产生激励作用，增强员工对组织的忠诚度。从组织的内部获取人才，实际上是对员工业绩和能力的肯定，是员工与企业同步成长的见证。通过晋升榜样的力量，员工拥有对工作的美好愿景与规划，对企业的情感归属和忠诚度也会与日俱增，更重要的是增强了努力工作的信心，员工整体的工作士气得到了鼓舞。

第二，能够缩短员工的适应期，增强员工对组织文化的认同。现有员工已经度过了初入组织的不适期并融入组织。相比外部引进的新员工，现有员工更了解企业的运作模式和企业文化，对组织价值理念的认知更深刻，不会轻易离开组织，从而降低了企业人员流失的风险。

发挥内部招聘的优势有几个前提条件：企业已建立准确的人员潜力识别系统、已建立完善的内部选拔与培养机制、已建立规范的员工职业发展通道及公平公开的内部职位调整制度。

（2）外部招聘渠道的优势。内部渠道招聘虽然具有许多优点，但人员的选择范围比较狭窄，常常不能满足企业发展的需要，所以企业常采用各种外部招聘渠道。外部渠道突出的优势有：

第一，能够打破思维定势，形成多元化的局面。企业通过从外部获取人才，充分借鉴外部人才的知识、技术和能力，补充和更新血液，形成人才多元化的局面和多角度的思维方式，突破发展的瓶颈。从外部招聘来的优秀技术人才和管理专家会给组织现有员工带来压力，激发现有员工的工作动力。外部招聘的人员来源广，选择余地大，企业能招聘到许多优秀人才。

第二，能够树立公众形象，打造雇主品牌。企业可以通过招聘活动，充分与外界交流，展示企业的风采，彰显企业的价值；借助招聘活动及营销策略，打造雇主品牌，从而在员工、客户或其他外界人士中树立良好的社会公众形象，吸引更多优秀人才的关注。

2. 内外招聘渠道平衡

要想做到内外招聘渠道优势互补，需要从以下四方面考虑平衡两者关系：

（1）从企业的发展阶段和经营战略考虑。当企业处于迅速发展阶段，根据未来规模扩张和业务拓展的需要，很多岗位需要大批人才，内部的人才供给缺口很大，此时应选择外部渠道来获取所需人才。当企业处于发展成熟阶段，如果个别关键岗位人才空缺，且企业内部已经形成完善的培训机制和人员接替计划，则可通过内部招聘渠道获取。

（2）从企业现有的人力资源状况出发。企业人力资源管理部门在招聘前必须对企业现有人员从数量、质量、结构及潜能方面进行核查与评估，从而明确招聘需求；当现有的人才资源无法与空缺职位的任职资格良好匹配，且内部培训成本较高时，可采用外部招聘渠道获取人才。

（3）从企业所处的外部环境出发。外部环境包括人才市场建立与完善状况、行业薪资水平、就业政策与保障法规、区域人才供给状况、人才信用状况等。这些环境因素决定了企业能否从外部招聘到合适的人选。若企业所处区域的人才市场发达、政策与法规健全、有充足的供给、人才信用良好，在不考虑其他因素的情况下，外部招聘不仅能获得理想人选，还快捷方便。

（4）从企业文化角度考虑。若企业文化崇尚多元、崇尚变革，那么企业在用人偏好上倾向于通过外部招聘来增加新鲜"血液"，鼓励新思想、新观点的产生，激发现有员工的活力，形成良性竞争。

三、员工招聘的步骤

为了提高招聘的效果，保证招聘的效率，招聘工作一般要按照下面的步骤进行。

（一）招聘需求的确定

招聘需求的确定源于以下几个方面：战略性人力资源储备计划、企业发展或调整出现的新职位，或者是企业人员流动出现的职位空缺。企业的人力资源部门要通过内部人力资源配置或统一规划人力资源需求计划的方式来解决此类问题。人力资源规划会估算出企业对当期、近期或者中长期人力资源的需求，这种需求包括人员的种类、层次和数量等。另外，由于企业内部的自然减员（退休、病休、死亡）、人员流动（企业内部流动和外部流动），使企业在当前的人力资源配置方面出现问题，比如现有岗位员工在数量、质量上与企业的需求不匹配，业务拓展产生了更多的工作岗位或者全新的工作岗位……以上客观需求都是招聘需求的来源。不管是通过人力资源规划或者企业生产经营中即时出现的人员需求，其都要通过需求申请的形式汇总到人力资源部门，由人力资源部门统一确定企业的总体招聘需求，并经领导批准同意后，正式展开招聘工作。

招聘需求的具体内容需要建立在工作分析基础上，包括招聘岗位的工作描述和任职资格分析。如果需要招聘的人员岗位在原组织中就存在，那么，招聘需求基于原有的工作岗位分析就可以；如果需要招聘的人员岗位在原组织中并不存在，这时需要人力资源部门和进行招聘的用人部门一起合作，对新岗位进行工作分析，并获得相应的工作描述和任职资格。

（二）招聘计划的制订

招聘计划是企业在招聘工作正式开展前，对招聘工作的具体活动进行安排的过程。它涉及以下四方面内容。

1. 明确招聘条件

企业应依据人力资源规划，核查现有人员的需求与供给状况，对照工作说明书，明确需要招聘员工的数量、职位、类型、渠道、标准。

（1）招聘数量。企业可以根据招聘筛选金字塔模型，确定实际需要录用到的一定数量的新员工，大致需要组织多大范围和多少人员参与的招聘活动。

（2）招聘职位。企业需要预知因实现经营发展战略而可能产生的空缺岗位（职位），明确岗位（职位）的具体名称、在组织中的级别、职务代码等。

（3）招聘类型。企业应该明确是雇佣长期相对固定的员工，还是采用短期、更为灵活的雇佣方式。

（4）招聘渠道。企业要选择从内部获取人才还是从外部获取人才，不仅要了解整个人力资源市场的情况，还要熟悉各种招聘渠道的特点及组合方式；在确定内外渠道之后，要认真选择招聘的方式。

（5）招聘标准。详细的工作说明书能够明确拟招聘人员的具体标准，包括学历、资历、工作经验、专业能力、个性品质、身体条件等。

2. 明确招聘的时间与地点

企业所确定的招聘时间的安排一般要比相关职位产生空缺的时间较早一些。企业选择在哪个区域空间开展招聘，一般要考虑潜在应聘者寻找工作活动的概率、企业所在地区及劳动力市场状况等因素。

3. 招聘经费预算

在执行招聘计划之前应对每一个环节的费用支出进行预算，保证招聘工作的正常进行。除了对参与招聘工作的有关人员提供工资报酬、劳务补贴，还需要投入广告费、考核费、差旅费、通信费、办公费等费用。

4. 编制招聘活动的实施方案

编制招聘实施方案是开展招聘活动的基本依据。方案内容包括确定招聘工作小组的组成、制定招聘章程、确定考核方案和人员选聘的条件、拟定招聘宣传相关资料、规定招聘工作的进度安排等。

（三）招聘计划的实施

这一阶段是对上述招聘计划的具体实施，包括选择合适的渠道发布招聘信息、接受求职者的应聘信或求职资料、对应聘人员进行初步甄选、剔除明显不符合要求的人员。

（四）员工甄选

甄选是人员招聘中的核心环节，也是技术性最强的环节。通过甄选，企业根据岗位的需求选出合适的人才。常用的甄选方法包括简历筛选、笔试和面试、心理和能力测试。不同的甄选工具具有不同的信度和效度，其在公平性、应用性和（开发和实施）成本方面的差异也决定了各自的适用范围。一般而言，单一的甄选工具无法满足企业招聘对"公开、公平、公正、全面、快速"等多方面的要求，企业要根据本企业的特点和招聘岗位特点，在知识测验、技能测验、能力测验和个性心理品质测验中综合选择，对不同的甄选工具加以综合运用。

（五）员工录用

录用是招聘过程的结果，即通过招聘工作，企业鼓励和吸收最适合组织发展的个人加入组织。甄选结束后，为数众多的应聘者中只剩下寥寥无几的差额入围者，并接受最后的背景筛查和体检。体检结束后，企业会根据综合排名顺序决定最终入围者，有的企业还会进行公示，公示后即进入录用阶段，企业人力资源管理部门要及时向录用员工发录取通知书，员工要根据企业的录用通知完成各种入职手续，正式加盟企业。

根据我国劳动法律的相关规定，企业第一次与员工建立劳动关系，可根据其聘用合同的长短约定试用期，试用期对于企业和员工而言是再一次互相考察和磨合的过程，顺利经过试用期的员工人数越多，说明招聘的效果越好。试用期结束后的员工身份即转为正式员工。

（六）招聘效果评估

效果评估，即对招聘是否有效进行的分析与评价。有效的招聘主要体现在以下四个方面：第一，能够及时招到所需人员以满足企业需要；第二，能以最少的投入找到合适的人才；第三，录用人员与预想的一致，适合企业和岗位的要求；第四，"危险期"（一般是指进入企业后的6个月）内的离职率比较低。

效果评估可以结合定量与定性两种方法。定性评估一般是招聘小组以工作会议的形式进行，通过回顾、梳理整个招聘过程，对本次招聘过程的成功经验或失败教训加以全面总结，包括招聘需求的确定，招聘计划的制订、实施，甄选和录用等过程，每个环节都要进行细致的回顾，对政策、制度、人员安排等各方面进行总结和分析。通过招聘完成比、应聘比例等量化工具考察招聘采取的方式、招聘信息发布的效果是否有效，应聘人员的人数是否达到原来的计划。通过对招到合格员工的比例以及离职率等的考核，可以反思评价应聘者的标准是否适合。比如，经过试用期的考察，有多少比例的人是合格的，在一段时间后有多少比例的员工会成为企业的业务骨干。通过人均招聘成本这一财务指标（最好有横向或纵向的比较分析）可以有效衡量本次招聘的有效性。另外，对招聘计划执行和实施情况的评估包括本次招聘是否按原来的招聘计划正常进行、招聘过程遇到怎样的问题、招聘所花经费是否超支等。

四、人力资源配置

人力资源配置就是通过一系列人力资源管理手段把符合组织发展需要的各类人员及时、合理地安排在岗位上，并与经济资源相结合，开展组织运营的过程。

（一）配置原则

人力资源管理要做到人尽其才、才尽其用、人事相宜，最大限度地发挥人力资源的作用。科学合理地配置人力资源应遵循以下原则。

1.要素有用

任何要素都是有用的，没有无用之人，只有没用好之人。人力资源配置就是为所有人员找到和创造发挥作用的条件。要素有用原则强调优势定位，一方面，员工要根据自己的兴趣和能力设计职业发展目标；另一方面，管理者需要辩证地看待员工的优势与不足，将员工安排到最有利于其发挥优势的岗位上。

2. 能级对应

合理配置人力资源，提高人力投入产出比率，首先要充分了解人力资源的构成和特点。人力资源质量由于身体状况、教育程度、实践经验等因素影响而存在个体差异。承认不同个体之间能力和水平差异，是为了在使用人力资源时，做到"大才大用、小才小用、各尽所能、人尽其才"，使每一个人所具有的能级水平与所处的层次和岗位的能级要求相对应。

3. 互补增值

互补增值原则是在承认个体多样性和差异性的基础上，在人员分配与安置上扬长避短，增强互补性，使人力资源系统的整体功能得到强化，从而产生"1+1 ＞ 2"的增值效应。互补增值主要体现在知识互补、气质互补、人格互补、能力互补、性别互补、年龄互补等方面。

4. 动态适应

动态适应原则是指当人员或岗位要求发生变化的时候，要适时地对人员配置进行调整，以保证将最合适的人安排在最合适的工作岗位上。从组织内部的劳动者个人与工作岗位的关系来看，无论是由于岗位对人的能力要求提高了，还是由于人的能力提高而要求变动岗位，都要求企业及时地了解人与岗位的适应程度，并做出调整，以达到"人适其位、位得其人"的目的。

5. 弹性冗余

弹性冗余原则要求在人与事的匹配过程中，既要使工作量达到满负荷，又要符合劳动者的生理和心理要求，不能超越身心的极限，确保对人、对事的安排留有余地，既给劳动者一定的压力和紧迫感，又保障所有员工的身心健康。总之，企业应根据岗位类别、行业、工作环境等具体情况的不同，把握好度。

（二）空间配置

企业人力资源与其他经济资源相结合产出各种产品的过程，就是人力资源在空间和时间上实现多维度有效配置的过程。企业人力资源空间配置主要包括招聘岗位配置、劳动分工协作、任务指派、工作地组织等内容。

1. 招聘岗位配置

招聘岗位配置有三种基本方法：以人为标准进行的配置、以岗位为标准进行的配置和以双向选择为标准进行的配置。

（1）以人为标准进行的配置。从人的角度，根据每人得分，为其安排得分最高的岗位。使用这种方法可能出现的问题是，几个人同时在某岗位上得分最高，但结果只能选择一个员工，而其他优秀的人才被拒之门外。

（2）以岗位为标准进行的配置。从岗位的角度出发，每个岗位都要挑选测试得分最高的人员，以保证组织效率达到最高。使用这种方法可能出现的问题是，一个人同时被几个岗位选中，而有些岗位出现空缺的现象。

（3）以双向选择为标准进行的配置。由于单纯以人为标准或者以岗位为标准进行配置，均有难以克服的问题，因此，可采用双向选择的方法进行配置，即在岗位和应聘者两者之间进行必要的调整，以满足岗位与人员配置的要求。采用双向选择的配置方法，对岗位而言，有可能导致得分最高的员工不能安排到该岗位上；对员工而言，有可能没有被安排到其得分最高的岗位上工作。但该方法综合平衡了岗位和人员两方面的因素，现实又可行，能从总体上满足岗位人员配置的要求，效率较高。

2. 劳动分工协作

（1）企业劳动分工。企业劳动分工是把生产、服务过程分解为若干局部的劳动，各局部的劳动既相互联系，又各自独立，具有专门的职能。企业劳动分工的形式有以下三种：

一是职能分工。企业全体员工按所执行的职能进行分工，一般分为：工人、技术人员、管理人员、服务人员及其他人员。这是企业劳动组织中最基本的分工，是研究企业人员结构、合理配备各类人员的基础。

二是专业分工。专业分工是职能分工下的第二层次的分工。例如，工程技术人员及管理人员可以按专业特点分为设计人员、工艺人员、计划人员、财会人员、统计人员等。

三是技术分工。技术分工是指每一专业内部按业务能力和技术水平进行的分工。例如，技术人员可分为助理技术人员、技术员、助理工程师、工程师和高级工程师。

（2）企业劳动协作。企业劳动协作就是将各方面、各环节的劳动组织起来，相互配合、协同劳动的形式。作业组是企业中最基本的协作关系和协作形式，它是在劳动分工的基础上，把为完成某项工作而相互协作的有关人员组织起来的劳动集体。

3. 任务指派

企业在劳动组织过程中，为了提高人力资源配置的有效性，可以采用运筹学的数量分析方法。例如，在解决员工任务指派问题时，企业普遍采用的匈牙利法，就是实现人员与工作任务配置合理化、科学化的典型方法。

企业在应用匈牙利法解决员工任务合理指派问题时，应当具备两个约束条件：一是员工数目与任务数目相等；二是求解的是最小化问题，如工作时间最小化、费用最小化等。

4. 工作地组织

工作地组织就是在合理分工协作的基础上，使工作范围内的劳动者、劳动工具与劳动对象的关系达到最优的组合。工作组织的基本内容包括合理装备和布置工作地、保持工作地的正常秩序和良好的工作环境、正确组织工作地的供应和服务工作。

（三）时间配置

对于企业来说，时间配置的主要任务是建立工作班制，组织好工作轮班以及合理安排工时制度。企业的工作班制有单班制和多班制两种。工作轮班是指在实行多班制生产条件下，组织各班人员按规定的时间间隔和班次顺序轮流进行生产活动的一种劳动组织形式，体现了劳动者在时间上的分工协作关系。

1. 工作班制

单班制是指每天只组织一班生产，组织工作比较简单，主要是促进不同工种之间的相互配合，充分利用工作班内的时间。多班制是指每天组织两班、三班或多班进行轮班生产。

企业是实行单班制还是多班制，主要取决于企业生产活动的特点和规律。工艺过程不能间断进行的，例如发电、化工、石油、冶金等行业的主要生产过程要求连续生产，必须实行多班制。而工艺过程可以间断的行业，可根据企业生产的任务、经济效益和其他生产条件而定。一般来说，实行单班制不利于厂房、机器设备的充分利用，但员工的工作生活有规律，有利于人的身心健康，劳动组织任务也比较简单。而实行多班制有利于充分利用机器设备，缩短生产周期，合理使用劳动力，但企业需要组织工作轮班，组织任务较为复杂。

2. 工作轮班

工作轮班是指企业在生产作业工作日内，为保证作业活动的协调持续进行，组织不同生产班次进行生产作业的形式。不同企业需要根据自己的工艺特点、生产任务、人员数量及其他相关生产条件，选择不同的轮班组织形式，如两班制、三班制和四班制等。

工作轮班要兼顾企业生产效益和员工的利益，尊重员工心理、生理特点。一般来讲，企业安排轮班需处理好以下三个问题：一是合理配备各班人员力量，平衡数量与素质，保证各班生产的相对稳定；二是合理安排倒班和轮休；三是加强组织管理。

第四节　员工培训与开发

面对外界环境的严峻挑战，企业必须保持持续学习的能力，不断追踪日新月异的先进技术和管理思想，才能在市场竞争中占有一席之地。因此，不断增加对人力资源的投资、加强对员工的教育培训、提升员工的素质，使人力资本持续增值，从而持续提升企业业绩和实现战略目标，已经成为企业界的共识。

一、员工培训开发的意义体现

员工培训开发是指企业为开展业务及培育人才，通过多种方式对员工进行有目的、有计划的培养和训练，使员工在知识、技能、能力和态度等方面得到提高，具备完成现在或者将来工作所需要的技能并改变他们的工作态度，以改善员工在现有或将来职位上的工作业绩，最终实现企业整体绩效提升的一种计划性和连续性的活动。

现代企业之所以越来越重视员工培训开发工作，是因为它具有非常重要的作用和意义，主要表现在：①员工培训开发是提高员工整体素质、开发企业人力资源的重要渠道。②员工培训开发是激励员工工作热情、调动员工积极性的重要手段。③员工培训开发是建设优秀组织文化的有效途径。④员工培训开发有助于提高企业的应变能力。⑤员工培训开发有利于打造学习型组织。

二、员工培训开发的内容划分

员工培训开发的内容从不同的角度有不同形式的划分。

员工培训开发按培训的内容，可以分为知识培训、技能培训、能力培训、态度培训、团队精神培训、形象与心理培训等。

员工培训开发按培训的形式，可以分为工作导向培训、在职培训和脱产培训三类。其中，工作导向培训又称新员工培训，指使新员工的精神状态和工作态度尽快内化和融合到新的组织中，使之对新的环境、工作条件、人际关系、工作职责和规章制度等有所了解而进行的一系列培训开发活动。

员工培训开发按培训对象，可以分为纵向培训和横向培训两大类。纵向培训也称各层次培训开发，是指对经营及管理的各层次（高层、中层和基层）的培训。对高层管理人员的培训目标是丰富其工作经验和提高其领导才能。对中层管理人员的培训主要是培训其观念意识、管理技能和领导艺术等。对基层员工的培训开发分为专业技术人员和一般员工的培训开发。横向培训也称各职能培训，是指对经营及管理的各职能部门（业务、生产、人事、财务、研究开发等）所进行的培训开发，目的是使员工明确各职能部门的职业分工、操作规程、权责范围。横向培训的原则是差异化培训，注重培训开发的专业性，强调专业知识和技能的层次，重视培训开发的适应性和前瞻性。

三、员工培训开发的原则及程序

（一）员工培训开发的原则

第一，战略高度原则。在考察员工培训开发的效果上，企业必须将员工的培训开发放在企业的战略高度来认识。比如，对员工进行一些技能培训，效果立竿见影，表现为工作绩效的提高。但有时可能需要很长时间甚至若干年后才能收到明显效果，比如对管理人员的培训。

第二，针对性原则。员工培训开发应当有明确的针对性，从员工实际岗位需要出发，做到"两结合"，即与工作实际紧密结合，与员工的生理年龄、知识结构、能力结构、工作态度紧密结合。其目的在于通过培训开发让员工掌握必备的技能，以完成企业目标，最终为提高企业绩效服务。

第三，统筹兼顾原则。员工培训与开发的内容要兼顾两方面：一方面要对员工进行文化知识、专业知识和专业技能的培训；另一方面应兼顾员工的理想、信念、价值观和品质道德等方面的培训，这样才能与企业目标、企业文化、企业制度及企业的优良传统等相结合，使员工在各方面都符合企业的要求。

第四，全员与重点相结合原则。全员培训开发就是有计划、有步骤地对所有在职员工进行培训开发，目的是提高企业全体员工的素质。为了提高培训投入的回报率、保证培训的有效性，培训必须有重点地进行，即对企业命运有重大影响的管理和技术骨干，特别是中高层管理人员、有培养潜力的梯队人员，更应该有计划地进行培训与开发。

第五，注重实效原则。培训开发活动必须在员工今后的工作中产生一定的效果，否则就失去了意义。这种实际效果主要体现在专业知识的拥有、工作能力的提高、工作态度的转变、工作技能的熟练等方面，从而达到提高工作绩效的目的。

第六，反馈与强化原则。员工培训开发效果的反馈是指在培训后对员工进行检验，其作用在于巩固员工学习的技能、及时纠正错误和偏差，反馈的信息越及时、准确，培训开发的效果就越好。强化则是指由于反馈而对接受培训人员进行的奖励或惩罚。

（二）员工培训开发的程序

1. 培训开发需求分析

培训开发需求分析是指在规划与设计每项培训活动之前，由培训部门采取科学的方法和技术，对组织及成员的目标、知识、技能等方面进行系统的鉴别与分析，从而确定培训必要性及培训内容的过程。培训需求分析就是采用科学的方法决定谁最需要培训、为什么要培训、培训什么等，并进行深入探索研究的过程。

在培训开发需求分析环节，培训部门需要界定组织所处的外部环境，再根据相应的组织发展战略，提出对员工素质能力的要求；对员工现有的实际素质能力进行科学测评，以找出理想状态与现实情况之间的差距；对这些差距进行分析，确认哪些差距可以通过培训开发来弥补。

2. 培训开发的计划与实施

培训开发的计划与实施包括培训开发项目设计、制订培训开发计划、培训开发实施三个阶段。

培训开发项目设计阶段主要是进行课程设计，包括设计培训开发目标、培训开发方法、培训开发的媒体、课程内容简介、情景案例和各种活动等。

在制订培训开发计划阶段，要根据培训开发需求分析结果，结合培训课程设计，针对培训开发要解决的问题制订周密计划，设置课程，选择培训方式和落实培训开发人员（培训师和员工），拟定培训时间和地点，并进行成本核算。这是决定培训开发工作成效的关键阶段。

在培训开发实施过程中，要注意具体落实计划中的各部分内容，同时要加强管理和监督，以确保培训开发工作的科学有序进行。培训开发部门还应针对实施过程中遇到的问题随时调整培训方法，征询培训师和受训者的意见和建议，加强培训开发控制，在动态管理中使培训开发达到最佳效果。

3. 培训开发结果评价

培训开发结果评价主要包括对课程设计、培训开发方式和授课效果的评估以及对受训者返回岗位后工作绩效的定期跟踪反馈。

在培训结果评价阶段，要重视对培训开发效果的评估。此项工作一般在培训开发结束后进行。首先，要组织人力资源测评专家和部门负责人对每一位受训人员进行素质能力的测评，与初次测评结果相比较，以判断此次培训开发效果；其次，要建立每个受训人员的素质档案，对受训者进行定期的训后跟踪反馈，为制订下一批人的培训开发计划提供现实依据，也为对该受训者的下一轮培训开发做好准备工作。

第五节　绩效与薪酬管理

一、绩效管理

在人力资源开发与管理中，任何环节的正常运转都与绩效管理有千丝万缕的联系。招聘中录用的员工是否能满足工作要求，需要通过绩效考核来衡量；职位升迁要考察员工的能力、态度、绩效；薪酬高低需要以员工的绩效和贡献为基础；培训要以员工的现有能力、素质和潜力为依据等。

（一）绩效管理的界定及目的

绩效管理是指组织制定员工的绩效目标并收集与绩效有关的信息，定期对员工的绩效目标完成情况进行考核和反馈，以改善员工工作绩效并最终提高企业整体绩效的制度化过程。具体而言，它包括三层含义：绩效管理是建立共识的过程；绩效管理是一个持续的管理过程；绩效管理的最终目的是最大限度地取得个人和组织的成功。

绩效管理的目的包括以下三点：

第一，战略目的。绩效管理系统将员工的工作活动与企业的战略目标联系在一起。在绩效管理系统的作用下，组织通过提高员工的个人绩效来提高企业的整体绩效，从而实现企业的战略目标。

第二，管理目的。组织在多项决策中都要使用绩效管理信息。绩效管理的目的在于对员工的绩效进行考核，并给予员工相应的奖惩以激励员工。

第三，开发目的。绩效管理的过程能够让组织发现员工的不足之处，以便对他们进行针对性培训。

（二）绩效管理的一般程序

完整的绩效管理包括四个步骤：绩效计划制订、绩效实施与管理、绩效评估、绩效反馈。这四个基本步骤对任何一个优秀组织的绩效管理来讲，都是不可或缺的，缺少其中任何一个要素，都不是真正意义上的完整的绩效管理。

1. 绩效计划制订

绩效计划制订是整个绩效管理过程的开始，这一时期主要是完成绩效计划的制订任务，也就是说，通过上级和员工的共同讨论，确定员工的绩效目标和绩效考核周期。这是绩效管理系统中最重要的环节，如果没有绩效目标作为考核的基础，考核是无公正客观可言的，考核的结果也没有任何说服力。

绩效目标，或者叫作绩效考核目标，是对员工在绩效考核期间的工作任务和工作要求所做的界定，这是对员工进行绩效考核的参照系。绩效目标由绩效内容和绩效标准组成。绩效内容界定了员工的工作任务，它包括绩效项目和绩效指标两部分。绩效标准明确了员工的工作要求。绩效目标应具备以下五方面特点，也就是通常所说的"SMART"原则。

S——绩效目标必须是具体的（Specific），以保证其明确的牵引性。

M——绩效目标必须是可衡量的（Measurable），必须有明确的衡量指标。

A——绩效目标必须是可以达到的（Attainable），不能因指标的无法达成而使员工产生挫折感，但这并不否定其应具有挑战性。

R——绩效目标必须是相关的（Relevant），它必须与公司的战略目标、部门的任务及职位职责相联系。

T——绩效目标必须是以时间为基础的（Time-based），即必须有明确的时间要求。

绩效考核周期，也叫作绩效考核期限，是指多长时间对员工进行一次绩效考核。由于绩效考核需要耗费一定的人力、物力，因此考核周期过短，会增加企业管理成本，但是，绩效考核周期过长，又会降低绩效考核的准确性，不利于员工工作绩效的提高，从而影响绩效管理的效果。因此，在准备阶段，还应当确定恰当的绩效考核周期。绩效考核周期的确定，一般会考虑职位、指标和标准的性质等因素。

2. 绩效实施与管理

绩效计划制订以后，绩效实施与管理过程中主要做两件事情：一是持续的沟通，二是对工作表现的记录。

人们对绩效的实施通常存在以下三个误区：

（1）绩效管理重要的是绩效的计划和评估，中间的过程是员工自己工作的过程。事实上，绩效实施过程中的沟通不仅是为了解决问题，还能在员工和主管之间创造一种宽松的氛围。

（2）对员工绩效的管理就是要时刻监督与检查，不能有一丝懈怠。其实，绩效管理是一种目标管理，管理者应该将主要时间花在关注员工的工作结果上，对于具体的工作过程，不必过分细致地关注。

（3）花时间做记录是一种浪费。事实上，建立员工的绩效档案非常重要。在平时的管理活动中，在跟踪员工绩效目标时所发现和记录的内容，是绩效评价的重要辅助资料，是一种事实证据。

3. 绩效评估

绩效评估是一种正式的员工评估制度，它是通过系统的方法、原理来评定和测量员工在职务上的工作行为和工作成果。绩效评估是企业管理者与员工之间的一项管理沟通活动。绩效评估的结果直接影响薪酬调整、奖金发放及职务升降等诸多关系员工切身利益的方面。

绩效评估包括以下十个流程：

（1）人力资源部负责编制考评实施方案，设计考评工具，拟订考评计划，对各级考评者进行培训，并提出处理考评结果的应对措施，供考评委员会决策。

（2）各级主管组织员工撰写述职报告并进行自评。

（3）所有员工对本人在考评期间的工作业绩及行为表现（工作态度、工作能力）进行总结，核心是对照企业对本岗位的职责和目标要求进行自我评价。

（4）部门主管根据受评人日常工作目标完成程度、管理日志记录、考勤记录、统计资料、个人述职等，在对受评人各方面表现充分了解的基础上，负责进行客观、公正的考核评价，并指出对受评人的期望或工作建议，提交给部门上级主管审核。如果一个员工有双重直接主管，由其主要业务直接主管负责协调另一业务直接主管对其进行考评。各级主管负责抽查间接下属的考评过程和结果。

（5）主管负责与下属进行绩效面谈。在直接主管和员工就绩效考核初步结果谈话结束后，员工可以保留自己的意见，但必须在考评表上签字。员工若对自己的考评结果有疑问，有权向上级主管或考评委反映或申诉，对于派出外地工作的员工，反馈面谈由该员工所在地的直接主管代为进行。

（6）人力资源部负责收集、汇总所有考评结果，编制考评结果一览表，报公司考评委员会审核。

（7）考评委员会听取各部门的分别汇报，对重点结果进行讨论和平衡，纠正考评中的偏差，确定最后的评价结果。

（8）人力资源部负责整理最终考评结果，进行结果兑现，分类建立员工绩效考评档案。

（9）各部门主管就绩效考评的最终结果与下属面谈沟通，对受评人的工作表现达成一致意见，肯定受评人的优点所在，同时指出有待改进的地方和改进的方向，双方共同制订可行的绩效改进计划和个人发展计划，提高个人及企业绩效。

（10）人力资源部对本次绩效考评成效进行总结分析，并对以后的绩效考评提出新的改进意见和方案，规划新的人力资源发展计划。

4.绩效反馈

绩效考核的最终目的是发现员工在工作中的不足之处，与之进行沟通，提出考核和绩效改进的建议，以提高员工的工作绩效，保证员工的工作不偏离既定的绩效目标。绩效反馈主要包括根据考核结果实施考评面谈、根据绩效面谈制订绩效改进计划及根据绩效改进计划进行绩效改进指导。

绩效反馈时面谈应掌握以下技巧：

第一，反馈面谈前做好充分准备。如果在反馈面谈前做好充分准备（了解员工的基本情况，安排好反馈面谈的时间、地点等），就可以很好地驾驭整个反馈面谈过程。

第二，与员工建立融洽的关系。不要让员工觉得有压力，比如可以选择与反馈面谈内容无关的话题，拉近彼此的距离。

第三，以事实为依据。对事不对人非常关键，反馈面谈尽量以事实为依据，就事论事，不要伤害员工的人格和尊严。

第四，肯定成绩。对员工表现好的地方一定要给予充分的肯定，这有利于增强员工的自信和消除员工的紧张心理。

第五，差别化对待。不同类型的员工反馈面谈的重点应该不同，对工作业绩和态度都很好的员工，应该肯定其成绩，给予奖励，并提出更高的目标；对工作业绩好但态度不好的员工应该加强了解，找到其态度不好的原因，并给予辅导；对工作业绩不好但态度很好的员工应该帮助分析绩效不好的原因，制订绩效改善计划；对工作业绩和工作态度都不好的员工应该重申工作目标，把问题的严重性告知对方。

（三）绩效管理的主要方法

绩效管理实质是管理者确保员工的工作活动和工作产出与企业的目标相一致的手段及过程。绩效评估体系作为绩效管理系统的一个重要子系统，它对企业目标的实现起到重要的支撑作用。因此，为了更好地实现绩效管理目标，企业在进行绩效评估体系设计时，应紧紧围绕企业的战略目标，在确定企业绩效评估指标的基础上，层层分解出各岗位和个人的评估内容和标准。

1. 目标管理法

目标管理法是由美国管理专家彼得·德鲁克于 1954 年在《管理的实践》一书中提出的，根据他的观点，管理必须遵循一个原则：每一项工作都必须为达成总目标而展开。目标管理法是当前颇为流行的一种绩效管理方法，其考核理念是以结果为导向，基本方法是考核双方在充分沟通的基础上，共同制定目标，共同评估目标的完成情况。

目标管理法的优点在于工作目标明确、员工目标与企业目标相关联、主管与员工之间必须进行绩效沟通；绩效考核人的角色，从法官转换为顾问和促进者，在这种"帮助"而非"监督"的友好氛围下，员工的角色逐渐从消极的旁观者转换为积极的参与者。这增强了员工的满足感和工作的自觉性。该方法的缺点在于精力耗费较多，文字编写工作很多；无论主管还是员工都需要参加使用这一方法的培训；容易被误用或敷衍。

2. 关键事件法

"关键事件"是指那些对部门效益产生重大影响的行为。在关键事件法中，管理者要将员工在考核期间所有的关键事件都如实记录下来。此法需对每一名待考评员工都记录一本"绩效考核日记"或"绩效记录"，通常由被考评者直属上级随时记载。

对关键事件法的要求是所记载的事件应该既有好事，又有不好的事；所记载的必须是较突出的、与工作绩效直接相关的事，而不是一般的、琐细的、生活细节方面的事；所记载的应是具体的事件与行为，不是对某种品质的判断，如"此人是认真负责的"，即必须具备客观真实性。

关键事件法的优点是针对性强，结论不易受主观因素的影响。关键事件法以具体事实为依据，经归纳、整理，便可得出可信的考评结论；从这些素材中不难得出有关被考评者的长处与不足，加深了被考评者对评语的理解，有利于员工日后的改进。关键事件法的缺点在于基层工作量大。另外，管理者在记录中不能带有主观意愿，在实际操作中往往难以做到。实际工作中可以利用员工自己的周报来记录。海尔的"日清日毕日高"可以视为这方面的好的做法。

3. 360度绩效考核法

360度绩效考核法又称为全方位考核法，该方法是指通过员工自己、上司、同事、下属、顾客等不同主体来了解其工作绩效，通过评论知晓各方面的意见，清楚自己的长处和短处，以达到提高自己的目的。

360度绩效考核法需要把对员工绩效产生主要影响的关键行为描述出来，以确保考核结果的真实有效。为了保证考核结果的真实可靠，在整个考核过程中，必须实行匿名考核。

360度绩效考核法的优点是让员工感觉到企业很重视绩效管理，可以激励员工提高自身各方面的素质和能力，同时，因为考核的主体是多元化的，在考核结果上显得相对比较公平，也更易为员工所接受。该方法的缺点是因为侧重综合考核，定性成分高，而定量成分少；成本比较高。

二、薪酬管理

薪酬是指企业因使用员工的劳动而付给员工的各种形式的补偿，是单位支付给员工的劳动报酬。

（一）薪酬的定义

薪酬，由薪和酬组成。薪表示工资、薪资，是指个人付出劳动之后得到的货币化回报，它是一种物质化的报酬，主要包括资金、分红、物资福利和工资，可以用一定的数量和数据对薪资进行衡量。例如企业逢年过节给员工发的花生油、米等物资。酬是一种精神上的回报，表示报答、感谢、酬谢等，是指非货币化的酬劳，如福利、上升空间、成就等，主要指对人们心理和精神方面的满足，它包括所有的非经济报酬，比如公众认可、社会地位、发展机会和舒适的工作环境等。此外，还有像员工生日宴会、员工旅游和关心爱护等爱的表示。

薪和酬是关系紧密、相互依存的两个方面。如果只有薪没有酬，那么员工和企业之间就只有金钱和利益，而没有理想和情感，员工对企业也不存在任何归属感；如果只有酬没有薪，只有理想不存在金钱和利益的回报，那么员工也不可能生存下去。简言之，薪表示钱，酬是心理上的满足，要么在获取对方价值后给予钱，要么给予其他精神方面的满足，若能把两者相结合，企业所得的劳动将更加高效。

（二）薪酬的组成及作用

1. 薪酬的组成部分

一般来说，薪酬由工资、奖金和福利三个部分组合而成。

工资是薪酬中的固定部分（不包括福利和津贴），代表一个工作的职位价值，不代表职位任职者实际工资。1951 年，国际劳工组织大会正式将同工同酬公约讨论通过，《中华人民共和国劳动法》也对同工同酬的分配方法和原则进行规定，具有法律效应。

奖金是指支付给职工的超额劳动报酬和增收节支的劳动报酬，衡量标准是绩效考核分数。这是薪酬中的第二部分。一般来说，奖金是企业给予员工除工资之外的奖励，不一定是货币化的奖励，也包括休假、旅游、商品折扣、购物卡等。奖金是避免吃大锅饭的最好形式，它反映了员工的现实价值。雇员在现代人力资源管理观念中被认为具有双重属性，一是商品属性，作为企业的雇员，企业给予相应的酬劳购买他的劳动力；二是他在人力资本中也占有一定份额，并且能从资本利润中分一杯羹。如此看来，现代雇员获得的收入不仅有企业雇用劳动力的薪资收入，还有资本利润的收入。资本性的收益是以奖金的形式体现的，包括短期和长期激励。

奖金和工资相比较，工资是稳定的、刚性的，但奖金却是变动的、灵活的。基于结果的绩效考核分数不完全等于员工的实际能力，其中有误差和运气的成分。但是如果员工业绩非常优异，而且通过业绩可以确信员工能力有某种程度提高的话，就可以给予员工一定程度"永久的奖励"，这种根据员工的实际工作绩效确定的基本薪酬增长被称为绩效加薪。

薪酬中的第三部分是福利，这部分支付是固定不变的，包括法定福利和非法定福利。员工从企业获得的除法定福利之外的其他商业福利称为动态薪酬，这种薪酬是企业支付给员工的，主要包括带薪休假、帮助危重家属的计划、赡养父母的开支和托儿服务等。

从狭义的角度看，工资、奖金、福利基本上等同于薪酬，即狭义薪酬是指员工因被雇用而获得的各种以物质形态存在的经济收入、有形服务和福利等。这些全部与钱有关。但金钱不是万能的。人们往往用金钱的数量衡量一个人才的层次，可在实际工作中，面临一样的工资水平，有些企业让员工尽心尽力，发挥自己的能力做好工作并且帮助员工不断提升自己；有些企业的员工无心工作只想离职，就算留在企业也很难发挥作用。这样看来，薪酬并不只是工资的高低、薪水的多少，另外一部分的重要内容是精神激励。从广义上看，薪酬不局限于货币化的薪酬福利，其中加入了赞扬、地位、学习机会、雇用安全与挑战性工作的机会等内容。

2. 薪酬的作用表现

薪酬的作用是多方面的，它不仅对员工本人有很大的作用，对企业和社会都有极强的作用。

第一，薪酬是员工的主要收入来源，它对于劳动者及其家庭生活的稳定和幸福起到了经济保障作用。

第二，在一个组织中，员工的工作行为、工作态度以及工作绩效都会因为薪酬状况的变化而受到影响，因此，企业往往通过薪酬激励的方式，使员工更好地为组织服务，这体现了薪酬的激励作用。

第三，薪酬能够帮助企业控制经营成本。

第四，薪酬可以通过吸引和保持高绩效雇员、使用合理的薪酬对员工进行有效激励等手段，提高企业的绩效。

（三）薪酬的类型

1. 直接经济性薪酬

直接经济性薪酬是单位按照一定的标准以货币形式向员工支付的薪酬，包括基本工资、奖金、激励工资、津贴与补偿等。

基本工资是指根据劳动者所提供的劳动的数量和质量，按事先规定的标准付给劳动者的劳动报酬。其计量形式有计时工资和计件工资，计时工资是指根据员工的劳动时间来计量工资的数额，主要分为小时工资制、日工资制、周工资制和月工资制四种。计件工资是按照员工的实际劳动成果的数量而计发的工资，即预先规定好计件单价，根据员工生产的合格产品的数量或完成一定工作量来计量工资的数额。

奖金是对职工超额劳动的报酬，也就是常说的绩效工资，包括佣金、团队奖励、利润分成等。

激励工资主要体现为短期工资和长期股权。

津贴与补贴主要指对职工在特殊劳动条件、工作环境中的额外劳动消耗和生活费用的额外支出的补偿。一般意义上把与工作相联系的补偿称为津贴，津贴又分为生活性津贴、劳动性津贴和地域性津贴三种，把与生活相联系的补偿称为补贴。

这里需要注意的是，基本工资、奖金以及津贴三者之间并没有固定的比例关系。

2.间接经济性薪酬

间接经济性薪酬不直接以货币形式发放给员工，但通常给员工带来生活上的便利、减少员工额外开支或者消除员工后顾之忧，主要体现为给予员工的各种福利政策，如养老保险、医疗保险、失业保险、工伤及遗嘱保险、住房公积金、餐饮等。

非经济性薪酬主要是指无法用货币等手段来衡量，但会给员工带来心理愉悦效用的薪酬，包括带薪假期、休假日、病事假等。

薪酬的本质就是一种交换或者交易。在这个交易中，工人获得其生活所需的各种货币和非货币资源，企业或组织获得能够保证其正常运作的各种人力和物力，因此，要遵循等价交换原则。

（四）薪酬水平和薪酬支付

1.薪酬水平

薪酬水平是指企业支付给不同职位的平均薪酬，是企业内部各类职位和人员平均薪酬高低状况的直接表现。薪酬水平通过将企业薪酬与当地市场薪酬行情和竞争对手薪酬绝对值进行对比的手段，分析企业之间的薪酬关系以及本企业的整体薪酬支付实力，反映了企业薪酬的外部竞争性特点。

薪酬水平按照不同的划分标准，有不同的分类。首先，按照划分层次的不同，薪酬水平可分为国家平均薪酬水平、地区平均薪酬水平、部门平均薪酬水平或企业任职人员平均薪酬水平。其中，企业任职人员平均薪酬水平主要指以企业为单位计算的员工总体薪酬的平均水平，包括时点的平均水平或时期的平均水平。其次，薪酬水平可分为内部薪酬水平和外部薪酬水平。最后，按照对象的不同，薪酬水平可分为整体薪酬水平和某一特定职业群体的薪酬水平。

一个组织所能承担的薪酬支付水平的高低不仅会对企业在人力资源市场

上获取所需人力资源的能力产生影响、关系到企业对员工的吸引力的大小，还会影响企业的整体竞争力。一般来说，测定企业薪酬水平的方法主要有两种，一种是测量企业薪酬水平在相关劳动力市场上的位置，这是一种相对量的指标；另一种是测量企业支付给不同职位的平均薪酬，这是一种绝对量的指标。

从一般意义上讲，对企业薪酬水平策略类型的划分主要是依据企业的战略目标，同时结合企业战略和人力资源市场状况来进行的。按照这种思路，可以将薪酬水平策略划分为领先型策略、跟随型策略、滞后型策略、权变型策略和综合型策略五种。

领先型薪酬策略主要采取的方式是以高薪为代价，即采取本组织的薪酬水平高于竞争对手或市场薪酬水平的策略。这种薪酬策略在吸引和留住员工方面具有明显优势，还能将员工对薪酬的不满降到一个相当低的程度。

跟随型策略力图使本组织的薪酬成本接近竞争对手的薪酬成本，从而使本组织吸纳员工的能力接近竞争对手吸纳员工的能力。

滞后型薪酬策略是采取本组织的薪酬水平低于竞争对手或市场薪酬水平的策略。这是由企业利润率比较低、成本承受能力弱、没有能力为员工提供高水平的薪酬造成的。

权变型薪酬策略，是指有时在不同的薪酬构成部分之间实行不同的薪酬政策，依据薪酬水平的变化和竞争对手薪酬水平做出的相关调整。

综合型薪酬策略，主要用于企业确定薪酬水平过程中，是根据职位的类型或者员工的类型来分别制定的薪酬水平决策。

领先型薪酬策略、跟随型薪酬策略和滞后型薪酬策略都是比较传统的类型，目前使用最广泛的是综合型薪酬策略和跟随型薪酬策略。

2. 薪酬支付

薪酬支付依据主要是指单位向员工支付薪酬的各种依据和标准。一般而言，薪酬支付依据包括：员工从事的岗位，员工担任的职务，员工具备的技能、能力、资历，员工的工作业绩等。

首先，从员工从事的岗位出发，付酬依据的是岗位。这是大多数公司采用的方式，岗位价值体现在岗位责任、岗位贡献、知识技能等方面。

其次，从员工担任的职务出发，付酬的依据是职务。这是对上一种付酬方式的简化，但它不能体现同一职务在不同岗位上的差别。职务和岗位的区别在于，岗位不仅能体现层级，还能体现工作性质，而职务一般只能表达出层级，不能体现出工作性质方面的因素。

再次，从员工具备的技能、能力和资历出发，付酬的依据是技能或能力。由于技能和能力在理论概念上的区别，在企业薪酬实践中，一般对工人习惯以技能付酬，对管理人员则以能力付酬。

最后，还有依据业绩付酬和依据市场付酬。业绩付酬是依据个人、部门、组织的绩效进行付酬，市场付酬则是依据市场值的多少进行付酬。

（五）薪酬工资制度

与上述付酬方式紧密相连的是各种工资制度，常见的工资制度有：

第一，岗位工资制。岗位工资制是依据任职者在组织中的岗位确定工资等级和工资标准的一种工资制度，它是由员工所承担的工作本身的重要性、难度、对企业的价值、工作环境对员工的伤害程度以及对雇员资格的要求决定的。其理念是：不同的岗位创造价值的大小、多少都是不同的，因此不同的岗位应该给予不同的工资报酬；不仅如此，对于超出岗位任职要求的能力不给予额外报酬；岗位工资制鼓励员工通过岗位晋升来获得更多报酬。

第二，技能工资制或能力工资制。技能工资制是一种根据员工所具备的技能等级的不同，而向员工支付不同工资的制度。其基础是企业根据企业需要的、员工拥有的完成工作的技能或能力的高低。技能工资制和能力工资制真正体现了"以人为本"的管理理念，它给予员工足够的发展空间和舞台，便于企业内的人力资源规划和员工的职业生涯规划的优化。

第三，绩效工资制。绩效工资制是对过去工作行为和已取得成就的认可，是基本工资之外的增加，其核心是建立公平合理的绩效评估系统。绩效工资主要随雇员业绩的变化进行相对应的调整。在应用过程中，绩效工资制不仅有利于个人和组织绩效的提升，还是实现薪酬内部公平和效率目标的有力工具。不仅如此，绩效工资制还具有人工成本低的优势。但是，在具体操作过程中，还要注意绩效工资制由于绩效工资与员工本期绩效的相关性，会造成员工只关注当期绩效而忽略组织长远利益的短视行为，以及由于人工成本降低而带来的员工的高流动率、员工忠诚度不足和组织凝聚力不强的弊端。

第四，激励工资制。激励工资制是和业绩直接挂钩的工资类型。激励工资可以是短期的，也可以是长期的；可以是雇员的个人业绩，也可以是团队或整个组织的业绩。

但是要注意激励工资制和绩效工资制的不同：激励工资主要侧重通过支付工资的方式期望影响员工将来的行为，其支付方式是一次性付出，对人力成本不会产生永久性影响；而绩效工资的侧重点则在于对员工过去突出业绩的认可，其支付方式与基本工资相结合，一旦确定，就会永久性地增加到基本工资之上。

就目前而言，企业广泛采用的是组合工资制。所谓组合工资制，主要指企业在薪酬管理实践中，采用两种或两种以上的工资制度，充分发挥各种工资制度优点的一种工资制度。比较常见的有岗位技能工资制和岗位绩效工资制。

（六）薪酬体系设计

1. 薪酬体系设计的基本原则

（1）公平性原则。根据公平理论，员工会进行两方面比较，一是将自己的付出与回报进行比较；二是将自己的付出回报比与他人的付出回报比进行比较。如果员工觉得二者有不公平的现象，那么薪酬就不能起到激励员工的作用，还会因此影响员工的工作积极性，降低其工作效率，造成紧张的人际关系等。现实中，薪酬的设计虽然很难做到完全公平，但应尽量保证公平。薪酬设计的公平性可以从两个方面来考虑，一是外部公平性，指的是同一行业、同一地区、不同企业中类似的职位薪酬应基本一致；二是内部公平性，指的是在企业内部，员工所获得的薪酬应与其工作岗位所要求的知识、技能、经验等相匹配。另外，不同职位如果没有多大差别，贡献或业绩相当，所获取的薪酬也应基本一致。

（2）激励原则。激励原则包括两个方面的含义：一是薪酬设计应该做到按劳分配，多劳多得，即按不同技能、不同知识水平、不同能力、不同业绩水平等定薪，奖勤罚懒和奖优罚劣，这样才能发挥薪酬的激励性；二是组织要根据不同员工的不同需求，真实地了解员工的需求，利用薪酬的多样化组合来满足员工需求，从而达到激励的目的。

（3）经济性原则。在薪酬设计过程中固然要考虑薪酬水平的竞争性和激励性，但同时要充分考虑企业自身发展的特点和承受能力。员工的报酬是企业生产成本的重要组成部分，过高的薪酬水平必然会导致人力成本的上升和企业利润的减少。所以，企业应该考虑人力资源成本的投入和产出比，把人力资源成本控制在经济合理的范围内，使企业的薪酬既具有激励性又能确保企业的正常运作。

（4）合法性原则。企业薪酬分配制度必须符合国家的有关政策与法律。为了维持社会经济的持续稳定发展、维护劳动者应取得的合法劳动报酬和必须拥有的劳动权益，我国政府颁布了一系列法律法规文件。例如《中华人民共和国劳动法》《中华人民共和国劳动合同法》《最低工资规定》《工资支付暂行规定》等，这些法律法规对薪酬确定、薪酬水平、薪酬支付等进行了明确的规定。企业在设计薪酬过程中一定要遵守相关的法律法规，避免因薪酬问题引起劳动纠纷。

2. 薪酬体系设计的一般流程

制定科学合理的薪酬体系是企业人力资源管理的一项重要工作，薪酬设计的要点在于"对内具有公平性，对外具有竞争性"。薪酬设计需要考虑的因素较多，一般来说，企业要建立的是一种既让大多数员工满意，又确保企业利益的互利双赢的薪酬设计模式，其一般流程大致包括以下几个步骤：

（1）薪酬战略的制定。企业人力资源战略服务于企业战略，所以薪酬战略也要考虑企业的战略和企业的目标。制定薪酬战略要考虑的问题有：薪酬管理如何支持企业的战略实施，薪酬的设计如何保证组织内部的公平性和外部的竞争性，如何制定薪酬才能真正地激励员工，如何提高薪酬成本的有效性等。

（2）薪酬调查分析。企业要吸引和留住员工，不但要保证企业薪酬的内部公平性，而且要保证企业薪酬的外部竞争力，因此要进行薪酬调查。薪酬调查，就是通过一系列标准、规范和专业的方法，对市场上各职位进行分类、汇总和统计分析，形成能够客观反映市场薪酬现状的调查报告，为企业提供薪酬设计方面的决策依据及参考。因为薪酬调查是将企业内部的薪酬状况和其他企业薪酬状况进行比较，所以组织首先要进行全面的企业内部薪酬满意度调查，以了解企业内部的薪酬现状及发展需求，做到发现问题、弄清原因、明确需要，确保薪酬体系设计的客观性与科学性。同时，还要对同类、同行企业的外部薪酬水平状况做深入细致的调查。

对企业外部薪酬调查分析一般包括三方面内容：①目标企业的薪酬政策。是控制成本还是激励或吸引员工；薪酬构成是高弹性、稳定性模式还是折中模式；薪酬的其他政策，包括加班费计算、试用期薪酬标准等。②薪酬的结构信息。主要包括企业职位或岗位的组织结构体系设计、薪酬等级差、最高等级与最低等级差、薪酬的要素组合、基本薪酬与福利的比例、激励薪酬的设计等。③薪酬的纵向与横向水平信息。包括基本薪酬信息、激励薪酬信息及福利薪酬信息等。

由于这些调查对象都是竞争对手，而且薪酬制度往往被其视为商业机密，他们不愿意提供实质性的调查资料，薪酬市场调查分析很难进行，需要企业多方面、多渠道，直接或间接地收集调查资料。一般来说，薪酬的调查方法有四种：企业薪酬调查、商业性薪酬调查、专业性薪酬调查和政府薪酬调查。企业薪酬调查是企业之间互相调查；商业性薪酬调查一般由咨询公司完成；专业性薪酬调查是专业协会针对薪酬状况所进行的调查；政府薪酬调查是指国家劳动、人事、统计等部门进行的薪酬调查。例如，美国劳工统计局每年都要进行三类调查研究，包括地区性的薪酬调查，行业性的薪酬调查，针对专业人员、管理人员、技术人员和办事员的薪酬状况所做的调查。

（3）工作分析与评价。工作分析与评价的目的在于确定一种职位的相对价值，它是对各种职位进行正式的、系统的相互比较的过程。通过工作分析与评价，能够明确职位的工作性质、所承担责任的大小、劳动强度的轻重、工作环境的优劣，以及劳动者应具备的工作经验、知识技能、身体条件等方面的具体要求。同时，根据这些信息采取科学的方法，对企业所有职位的相对价值做出客观评价，并确定一种职位相对于其他职位的价值，从而最终依此来确定工资或薪资的等级结构。工作评价的基本原则是那些要求具备更高的任职资格条件、需要承担更多的责任以及需要履行更为复杂的职责的职位，应当比在这些方面要求更低的职位的价值更高。

对于企业员工来说，他们所感受到的公平合理，一方面来自外部市场上同类职位薪酬水平相比的结果；另一方面则来自内部同类、同级别职位人员的薪酬水平的比较。因此，我们不仅要关注职位的绝对价值，还要关注职位的相对价值，而职位的相对价值则要通过工作评价来确定。工作评价是工作分析的必然结果，同时又以职位说明书为依据，即工作评价就是要评定职位的相对价值、制定职位的等级，以确定基本薪酬的计算标准。

（4）设计薪酬结构。通过工作分析与评价，可以明确每一个职位在企业中相对价值的顺序、等级。工作的完成难度越大、对企业的贡献越大，其重要性就越大，也就意味着它的相对价值越大。通过薪酬调查以及对组织内、外部环境的分析，可以确定组织内各职位的薪酬水平，规划各个职位、岗位的薪酬幅度、起薪点和顶薪点等关键指标。要使工作的相对价值转换为实际薪酬，需要进行薪酬结构设计。

薪酬结构是指工作的相对价值与其对应的工资之间保持的一种关系。这种关系不是随意的，而是以服从某种原则为依据的，具有一定的规律，通常这种关系用"薪酬政策线"来表示。从理论上讲，薪酬政策线可呈任意一种曲线形式，但实际上，它们多呈直线或由若干线段构成的一种折线形式。这是因为薪酬设计必须遵循公平性原则，组织内各职位的报酬与员工的付出应基本相等，各职位的相对价值就是员工付出的反映，因此，绘制薪酬政策线各点的斜率应该基本相等，薪酬政策线呈直线。

（5）薪酬分级与定薪。绘制好组织薪酬政策线以后，通过薪酬政策线就可以确定每个职位的基本薪酬水平。但是当企业的职位数量比较多时，如果针对每个职位设定一个薪酬标准，会大大提高企业的管理成本。因此，在实际操作中，还需要在薪酬的每一个标准内增设薪酬等级，即在众多类型工作职位的薪酬标准内再分成若干等级，形成一个薪酬等级标准系列。通过职位工作评价点数的大小与薪酬标准对应，可以确定每一个职位工作的具体薪酬范围或标准，以确保职位薪酬水平的相对公平性。

不同薪酬等级之间的薪酬差异称为薪酬级差。薪酬级差可根据员工的职位、业绩、态度、能力等因素划分，要尽可能地体现公平。级差的大小应与薪酬等级相符，等级差异大，级差相应也大，等级差异小，则级差也小，如果两者关系不相符，容易引起不同等级员工的不满。等级差异过大，薪酬等级较低层的员工会认为有失公平，自己所得过少；等级差异过小，薪酬等级较高层的员工会认为自己的贡献价值没有得到认可，其工作积极性会被削弱。

第六章　企业财务管理

第一节　财务管理概述

一、财务管理的概念

在企业中，一切涉及资金的收支活动都属于财务管理的范畴。企业财务管理是企业管理的一部分，是企业组织财务活动、处理与各方面财务关系的一项综合性管理工作。

财务活动是指资金的筹集、投放、使用、收回和分配等一系列活动。从整个过程来看，财务活动包括筹资活动、投资活动、资金营运活动、剩余收益分配活动。上述财务活动的四个方面是相互联系、相互依存的。它们构成了完整的企业财务活动，也是企业财务管理的基本内容。

企业财务关系是指企业在组织财务活动过程中与有关方面发生的经济利益关系。企业财务管理的实质就是处理好企业同各方面的财务关系。财务管理作为企业管理的一个重要组成部分，在企业管理中的地位和作用越来越重要。财务管理也可以理解为企业在特定的环境条件下，为了实现既定的经营目标，采用一定的方法，有效地组织企业资金运动，正确处理各种财务关系的一项经济管理活动。

企业的财务关系可以概括为以下几个方面：①企业与投资者之间的关

系。②企业与债权人之间的关系。③企业与受资人之间的关系。④企业与债务人之间的关系。⑤企业与政府之间的关系。⑥企业内部各单位之间的财务关系。⑦企业与职工之间的财务关系。

二、财务管理的目标

（一）财务管理目标的作用

企业所有者明确财务管理的目标是什么，有助于他考核财务管理人员的工作质量。一个会计年度之后，如果企业的财务管理工作达到或超过了预期目标，那么企业所有者会按照合同约定支付和奖励财务管理人员相应报酬，并继续聘用（假设没有其他导致解聘的因素出现）。如果企业的财务管理工作没有达到预期目标，那么企业所有者会扣减财务管理人员相应的报酬，并且可能会解聘他们。

对于财务管理人员来说，只有明确财务管理目标才能确定财务管理的工作内容。哪些工作需要做、怎么做，都是根据是否有助于实现财务管理目标来确定的。我们将看到不同时期，财务管理的工作重心变化。为什么要变？如何变？财务管理人员正是在财务管理目标的指引下做出工作内容改变的正确决定。

对于财务管理学科的研究者来说，明确财务管理目标的作用在于能够帮助他们划清财务管理研究内容的边界，与相近学科做出区分。现实中，各种学科对应的实务工作是相互关联的，甚至是部分重合的。比如，财务管理中的企业证券投资实务与投资学中的法人投资者投资行为几乎是一回事。但是在理论研究中，必须划出各学科的边界，否则将无法展开讨论和研究。另外，财务管理学的知识内容一直处于发展中，对于将来新发展的知识内容，我们如何确定它是否属于财务管理学科呢？这要依据新知识是否有助于财务管理目标实现，来确认它是在财务管理学科的边界内还是边界外。

（二）财务管理目标的发展

财务管理的目标也不是一成不变的。让人认可的财务管理目标有企业利润最大化、股东价值最大化和企业价值最大化三种类型，它们的出现有各自的历史背景和环境特征。

1. 企业利润最大化

最早出现的财务管理以企业利润最大化为目标。这种观点大约出现在 19 世纪初。那时企业的特征是私人筹集、私人财产和独资形式，所有权和管理权往往是合一的，加之实务界人士对利润的概念还停留在会计利润上，财务管理决策中所使用的利润概念还不被大家熟知。财务管理决策的利润指的是在会计利润的基础上，扣除各种时间、风险和机会成本产生的影响后的数值，所以，一般来说，财务管理中用于决策的利润数值不同于对应的会计利润。

此外，同时期西方经济学对厂商的目标的假定是追求利润最大化（这里的利润其实不是指会计利润）。财务管理以利润最大化为目标与企业目标表面上高度一致。因此，该观点曾被很多人接受。

2. 股东价值最大化

随后出现的观点是以股东价值最大化为目标，利润最大化的观点被取代。股东价值最大化观点的出现源于以下两个原因：

第一，后来股份制企业的盛行，导致所有权和经营权相分离。拥有大部分股票的所有者，与不拥有股票但是拥有内部性信息、往往实际控制企业的管理者之间产生了目标冲突。所有者当然希望通过财务管理职能使企业价值更大，这样所有者根据股份可以分得更多财富。管理者也希望企业价值增加，因为根据薪酬合约，他们的报酬和奖金与企业价值挂钩。但是由于管理者一般不拥有股份，企业价值增加并不会被他们放在首位考虑。如果可以牺牲企业价值而增加管理者个人效用的话，他们会优先考虑。比如，在职消费、盲目扩展等。所以，财务管理作为职能部门面临着为谁服务的问题。所有者与管理者好比主人与管家的关系。财务管理虽然在管家的领导下，但最终是要为主人服务的。

第二，价值观对会计利润观的代替。实务界充分认识到不能仅凭会计报表上的利润数字来判断企业经营的好坏。由于会计依据可靠性原则，没发生的事情一律不能记载，已发生的事情要按历史成本记载，会计利润的计算是无法考虑时间、风险、机会成本对其利润数字产生的影响的。财务管理工作实际上就是一系列的决策过程。决策中如果不考虑时间、风险和机会成本的影响，是要出大问题的。

在上述两个原因促使下，以股东价值最大化为目标的观点被大家接受。

3. 企业价值最大化

在此之后，企业的规模越来越大，企业中其他相关者的影响和作用也越来越重要，企业价值最大化的观点作为财务管理目标被提出，还有相关者利益最大化、社会利益最大化等相似观点被提出，它们都可看作企业价值最大化的升级版。以企业价值最大化来分析，根据目标的冲突性，我们可以把企业内部分为五种利益相关者：大股东、小股东、债权人、管理者和员工。基本上，小股东、债权人、管理者、员工各自的目标都是和大股东的目标相冲突的。企业价值最大化的目标就是将企业长期稳定发展放在首位，使企业总价值达到最大。要想实现这一目标，必须正确处理各种利益关系，最大限度地兼顾企业各利益主体的利益。因此，财务管理的目标不能仅考虑股东的利益。

综上可见，不同财务管理目标之间的分歧之一是如何看待利益相关者的要求。有一种意见认为，公司应当有多重目标，分别满足不同利益相关者的要求。从理论上看，任何一门学科都需要有一个统一的目标，围绕这个目标发展其理论和模型。任何决策只要符合目标就被认为是好的决策，不符合目标就是差的决策。统一的目标可以为企业理财提供统一的决策依据，并且保持各项决策的内在一致性。如果使用多个目标，就很难指导决策，无法保证各项决策不发生冲突。

三、财务管理的环境

环境是个相对的概念，它是相对于主体而言的客体。任何事物都是在一定的环境条件下存在和发展的，是一个与其环境相互作用、相互依存的系统。作为人类重要实践活动之一，财务管理活动也不例外。财务管理的主体，更准确地讲，是核心，是财务管理人员。由财务管理人员编制的制度体系，以及财务管理人员从事的财务管理活动，是财务管理的内容，当然就不属于财务管理环境的范畴。因此，凡是与财务管理目标实现有关的，且不属于上述财务管理核心内容的都属于财务管理环境范畴。

因此，我们从内涵的角度对财务管理环境进行描述：财务管理环境就是对财务管理目标实现有影响、对理解财务管理知识有帮助、除财务管理主体以外的对企业财务活动和财务管理产生影响作用的企业内外各种条件的统称。

（一）财务管理环境的作用

"企业财务管理的环境制约着企业的财务活动，企业进行财务管理必须以理财环境为依据，制定正确的财务管理政策"，因此，了解财务管理的环境是做好财务管理工作的前提。对于财务管理环境的了解实际上是为了让自己对财务管理知识的形成有更深刻的理解。而理解的结果就是，一旦财务管理环境发生变化，财务管理知识的掌握者有能力根据环境变化重新整合财务管理知识，调整财务管理活动。如果我们从财务管理从业者的角度出发，了解财务管理环境的知识，就是了解活动规则。这些规则有的可以加以利用，有的必须加以规避。通过对财务管理环境的理解，可以降低财务管理活动成本、提高财务管理效率，最终实现财务管理目标。

（二）财务管理环境的构成

因为财务管理环境包含的内容繁杂，在叙述时往往会形成多种分类形式。这里仅按照环境因素对财务管理目标影响的直接程度来分类叙述。

1. 与人有关的因素

对财务管理目标实现影响最直接、最根本的必然是与人有关的因素。

（1）职工。职工是企业经营的主体，是企业治理契约或公司治理结构的重要组成部分。对于所有者、经营者来说，他们相互之间及各自与职工在财权和利益分配等方面进行博弈，始终是其财务管理的重要内容，对职工的财务激励和约束也是财务管理的难题之一。除此之外，职工的素质和精神风貌也直接影响着企业财务管理的目标及其实现程度。因此企业在做财务决策时必须认真考虑企业职工这一环境因素。

（2）债权人。债权人是企业资金的重要提供者，他们的利益要求决定了企业筹集和使用资金成本的高低。除此之外，债权人还对企业的筹资决策、投资决策和利润分配决策产生直接影响。他们通过与企业签订具有保护性条款的契约的方式，对企业所有者和经营者的财务决策施加影响，以促使企业保持较强的偿债能力、变现能力。当企业无力偿还债务时，债权人还可取得对企业的财务控制权。

（3）供应商和顾客。供应商包括原材料、机器设备等生产资料的提供者。顾客则是吸收本企业产出的主体。与供应商和顾客的良好关系是企业增加价值的重要源泉，其对企业降低成本、赢得竞争起着举足轻重的作用，是企业最重要的经济资源。与供应商和顾客的不同类型的关系所导致成本、利润、存货、应收账款、现金流量等有显著的差异。因此，供应商和顾客是企业营运资金管理、成本管理、利润管理及战略财务管理等需要考虑的最重要的环境因素。

（4）政府。政府对企业财务机制运行的直接影响主要体现在两个方面：一是作为社会管理者，其所制定的政策法规、管理制度，直接限定了企业作为财务主体开展财务活动的范围；二是作为征税者的政府运用税收手段直接参与企业的利益分配，取得税收收入。一般认为，作为征税者的政府，其对企业管理的目的是足额征收企业应交的税金，满足作为征税者的政府自身的利益。从这一意义上说，作为征税者的政府是企业的利益相关者之一，是公司治理的重要参与主体，是企业具体财务环境中一个非常重要的组成部分。

2. 与事有关的因素

（1）法律环境。法律环境是指企业和外部发生经济关系时应遵守有关的法律、法规和规章。企业的财务管理活动，无论是筹资、投资、营运管理还是利润分配，都应当遵守有关的法律规范，如《中华人民共和国公司法》《中华人民共和国证券法》《企业财务通则》《中华人民共和国税收征收管理法》等。作为硬性约束，触碰法律边界对财务管理目标的实现将是致命打击。

（2）金融市场环境。金融市场是企业筹资和投资的场所，它有许多资金筹集的方式，并且比较灵活。企业需要资金时，可以到金融市场选择适合自己需要的方式筹资；企业有了剩余资金，也可以灵活地选择投资方式，为其资金寻找出路。在金融市场上，企业可以实现长、短期资金的转化。金融市场为企业理财提供有效的信息。金融市场的利率变动反映资金的供求状况；有价证券市场的行市反映投资人对企业经营状况和盈利水平的评价。因此，金融市场的发育程度直接影响财务管理目标实现的路径和手段。

（3）经济环境。经济环境是指企业进行财务活动的客观经济状况，如经济发展状况、通货膨胀状况、经济体制等。因此，经济发展的速度影响企业财务管理目标的实现。随着经济的快速增长，企业需要大规模地筹集资金，需要财务人员根据经济发展状况，筹措并分配足够的资金，用以调整生产经营。它对财务管理目标的实现同时起着直接或间接作用。

（4）社会环境。社会舆论监督对企业价值的影响，主要体现在企业对社会的贡献方面，如满足就业、增加职工福利、保护环境、节约资源、创新意识等。这些直接影响企业的经营目标和投资方向。

社会文化环境包括在特定的社会环境中人们的习俗观念、价值观念、行为准则和教育程度以及人们对经济、财务的传统看法等。社会环境对财务管理目标的实现主要产生间接作用。

四、财务管理应遵循的原则

财务管理原则，也称理财原则，是进行企业财务管理所应遵循的指导性的理念或标准，是人们对财务活动的共同的、理性的认识。"财务管理原则是财务管理理论结构必不可少的组成部分，是财务管理主体开展财务管理活动的行动指南。"开展财务管理原则研究有重要的理论意义和实践意义。

（一）系统原则

财务管理从资金筹集开始，到资金收回为止，经历了资金筹集、资金投放、资金收回与资金分配等阶段，这几个阶段互相联系、互相作用，组成一个整体，具有系统的性质。为此，做好财务管理工作，必须从财务管理系统的内部和外部联系出发，从各组成部分的协调和统一出发，这就是财务管理的系统原则。在财务管理中应用系统原则，中心是在管理中体现系统的基本特征：①系统具有目的性。②系统具有整体性：只有整体最优的系统才是最优系统，各财务管理系统必须围绕整个企业的理财目标进行。③系统具有层次性：在企业资源配置方面，应注意结构比例优化，从而保证整体优化。④系统具有环境适应性：在理财环境中必须保持适当弹性，以适应环境变化。

系统原则是财务管理的一项基本原则，在财务管理实践中，分级分口管理、目标利润管理、投资项目的可行性分析都是根据这一原则进行的。

（二）平衡原则

在财务管理中，要力求使资金的收支在数量和时间上达到动态的协调平衡，这就是财务管理的平衡原则。资金收支动态的平衡公式为：

目前现金余额+预计现金收入-预计现金支出=预计现金余额

如果预计现金余额远远低于理想现金余额，则应积极筹措资金，以弥补现金的不足；如果预计现金余额远远大于理想现金余额，应积极组织还款或进行投资，以保持资金收支的动态平衡，实现收支相抵、略有结余。

平衡原则是财务管理的一项基本原则，财务管理过程就是追求平衡的过程。在财务管理实践中，现金的收支计划、企业证券投资决策、企业筹资数量决策，都必须在这一原则指导下进行。

（三）弹性原则

在财务管理中，在追求准确和节约的同时，必须留有合理的伸缩余地，这就是财务管理的弹性原则。

在财务管理中，之所以要保持合理的弹性，主要原因在于：①财务管理的环境是复杂多变的，企业缺乏完全的控制能力。②企业财务管理人员的素质和能力不可能达到理想的境界，因而，在管理中会出现失误。③财务预测、财务决策、财务计划都是对未来的一种大致的规划，不可能完全准确。为此，就要求在管理的各个方面和各个环节保持可调节的余地。

弹性原则是财务管理中必须遵循的一项原则。在财务管理中，只有允许各子系统都保持一定的弹性，才能保证财务管理系统的整体具有确定性。财务管理实践中，对现金、存货留有一定的保险储备，在编制财务计划时留有余地，都是弹性原则的具体应用。

（四）比例原则

财务管理除对绝对量进行规划和控制外，还必须通过各因素之间的比例关系来发现管理中存在的问题，采取相应的措施，使有关比例趋于合理，这便是财务管理的比例原则。

比例原则是财务管理的一项重要原则。在财务管理实践中，财务分析中的比率分析、企业筹资中的资本结构决策、企业投资中的投资组合决策都必须贯彻这一原则。

（五）优化原则

财务管理是一个不断地进行分析、比较和选择，以实现最优的过程，这就是财务管理的优化原则。

在财务管理中贯彻优化原则，主要包括三方面内容：①多方案的最优选择问题。②最优总量的确定问题。③最优比例关系的确定问题。

优化原则是财务管理的重要原则，财务管理的过程就是优化的过程。如果不需要优化，管理就失去了意义。

五、财务管理的环节与方法

财务管理的环节是指企业财务管理的工作步骤与一般工作程序。一般而言，企业财务管理包括以下几个环节：

（一）财务预测、计划与预算

第一，财务预测。财务预测是根据企业财务活动的历史资料，考虑现实的要求和条件，对企业未来的财务活动做出较为具体的预计和测算的过程。财务预测的方法主要有定性预测法和定量预测法两类。定性预测法，主要是利用直观材料，依靠个人的主观判断和综合分析能力，对事物未来的状况和趋势做出预测的一种方法；定量预测法，主要是根据变量之间存在的数量关系建立数学模型来进行预测的方法。

第二，财务计划。财务计划是根据企业整体战略目标和规划，结合财务预测的结果，对财务活动进行规划，并以指标形式落实到每一计划期间的过程。确定财务计划指标的方法一般有平衡法、因素法、比例法和定额法等。

第三，财务预算。财务预算是根据财务战略、财务计划和各种预测信息，确定预算期内各种预算指标的过程。它是财务战略的具体化，是财务计划的分解和落实。

（二）财务决策与控制

第一，财务决策。财务决策是指按照财务战略目标的总体要求，利用专门的方法对各种备选方案进行比较和分析，从中选出最佳方案的过程。财务决策是财务管理的核心，财务决策的成功与否直接关系到企业的兴衰成败。财务决策的方法主要有两类：一类是经验判断法，即根据决策者的经验来判断选择，常用的方法有淘汰法、排队法、归类法等；另一类是定量分析法，常用的方法有优选对比法、数学微分法、线性规划法、概率决策法等。

第二，财务控制。财务控制是指利用有关信息和特定手段，对企业的财务活动施加影响或进行调节，以便实现计划所规定的财务目标的过程。财务控制的方法通常有前馈控制、过程控制、反馈控制等。

（三）财务分析与考核

第一，财务分析。财务分析是指根据企业财务报表等信息资料，采用专门的方法，系统分析和评价企业财务状况、经营成果以及未来趋势的过程。财务分析的方法通常有比较分析法、比率分析法、综合分析法等。

第二，财务考核。财务考核是指将报告期财务指标的实际完成数与规定的考核指标进行对比，确定有关责任单位和个人完成任务情况的过程。财务考核与奖惩紧密联系，是贯彻责任制原则的要求，也是构建激励与约束机制的关键环节。财务考核的形式多种多样，既可以用绝对指标、相对指标、完成百分比来考核，又可以采用多种财务指标进行综合评价考核。

第二节　筹资管理与项目投资管理

一、筹资管理

（一）筹资的基本认识

企业筹资是指企业为满足生产经营和对外投资等活动对资金的需要，通过一定的渠道，采取适当的方式，获取所需资金的一项基本财务活动。筹集资金是企业理财活动的起点，是决定企业经营规模和发展速度的主要环节。任何一个企业，为了保证生产经营的正常进行，必须具有一定数量的资金。即使在企业生产经营过程中，由于季节性和临时性等原因，或由于扩大生产经营规模的需要，企业同样需要筹集资金。因此，资金筹集既是企业生产经营活动的前提，又是企业再生产顺利进行的保证。

1. 筹资的动机

企业筹资的基本目的是自身的生存和发展。具体来说，企业的筹资动机有以下几种：

（1）设立性筹资动机，是指企业设立时为取得资本金而产生的筹资动机。

（2）扩张性筹资动机，是指企业为扩大生产经营规模或增加对外投资而产生的动机。具有良好的前景、处于扩张期的企业一般具有这样的筹资动机。

（3）调整性筹资动机，是指企业因调整现有资金结构而产生的筹资动机。随着企业经营情况的变化，企业需要对资金结构进行相应的调整。

（4）混合性筹资动机，是指企业为同时实现扩大规模以及调整资金结构等目标而产生的筹资动机。

2. 筹资的渠道

筹资渠道是指客观存在的筹措资金的来源方向与通道。认识和了解各筹资渠道及其特点，有助于企业充分拓宽和正确利用筹资渠道。目前，我国企业的筹资渠道主要有以下几种：

（1）银行信贷资金。间接融资是中国企业最主要的融资方式，而在间接融资中，银行信贷资金是最重要的方式，因此，银行对企业的各种贷款，成为我国目前各类企业最为重要的资金来源。

（2）其他金融机构资金。其他金融机构主要指信托公司、保险公司、租赁公司、证券公司、财务公司等。它们所提供的各种金融服务，既包括信贷资金投放，又包括物资的融通，还包括为企业承销证券等金融服务。

（3）其他企业资金。企业在生产经营过程中，往往形成部分暂时闲置的资金，并为一定的目的而进行相互投资；另外，企业间的购销业务可以通过商业信用方式来完成，从而形成企业间的债权债务关系，形成债务人对债权人的短期信用资金占用。企业间的相互投资和商业信用的存在，使其他企业资金成为企业资金的重要来源。

（4）居民个人资金。企业职工和居民个人的结余资金，作为游离于银行及非银行金融机构等之外的个人资金，可用于对企业的投资，形成民间资金来源渠道，从而为企业所用。

（5）国家财政资金。国家对企业的直接投资是国有企业特别是国有独资企业获得资金的主要渠道。现有的国有企业的资金来源中，其资本部分大多是由国家财政以直接拨款方式形成的。

（6）企业自留资金。企业自留资金是指企业内部形成的资金，也称企业留存收益，主要包括公积金和未分配利润等。这些资金的重要特征之一是，它们无须通过一定的方式去筹集，而直接由企业内部自动生成或转移。

不同的筹资渠道提供资金的数量和筹资的方便程度不尽相同。有些渠道的资金供应量比较多，如银行信贷资金和其他金融机构资金等，而有些相对较少，如企业自留资金等。这种资金供应量的多少，在一定程度上取决于财务管理环境的变化，特别是宏观经济体制、银行体制和金融市场发展速度等因素。因此，企业需要根据自身情况以及宏观环境确定适合自身的筹资渠道。

3. 筹资的方式

筹资方式是指可供企业在筹措资金时选用的具体筹资形式。筹资管理的重要内容是如何针对客观存在的筹资渠道，选择合理的筹资方式进行筹资，降低筹资成本，提高筹资效益。目前，我国企业筹资方式主要有以下几种：

（1）吸收直接投资。吸收直接投资是指企业通过协议等形式吸收投资者直接投入资金的筹资方式。

（2）发行股票。发行股票是指股份公司通过股票发行筹措资金的一种筹资方式。

（3）发行债券。发行债券是指企业按照债券发行协议通过发售债券直接筹资，形成企业债务资金的一种筹资方式。

（4）银行借款。银行借款是指企业按照借款合同从银行等金融机构贷款而获得债务资金的一种筹资方式。

（5）商业信用。商业信用是指企业通过赊购商品、预收货款等商品交易行为获得债务资金的一种筹资方式。

（6）融资租赁。融资租赁是指企业按照租赁合同租入资产从而筹措资金的特殊筹资方式。

利用前两种方式筹措的资金为权益资金；利用后四种方式筹措的资金为债务资金。

4. 筹资的类型

企业可以从不同的渠道、利用不同的方式来筹集资金。根据不同的性质，筹资可以划分为不同类型，各种类型资金的结合就构成了企业具体的筹资组合。为了保证企业筹资组合的有效性，企业必须正确认识各种不同的筹资类型。

（1）按资金性质不同划分。企业筹集的资金，按资金性质不同可分为权益资金和债务资金两类，与此对应，筹资的类型可以分为股权性筹资、债务性筹资和混合性筹资。

股权性筹资：股权性筹资形成企业的股权资金，也称权益资金、自有资金，是企业依法筹集、长期拥有、自主支配的资金。权益资金由投资者的原始投资和投资积累形成，主要包括实收资本（或股本）、资本公积、盈余公积和未分配利润等。权益资金的多少，反映了企业的资金实力，在相当程度上可以反映企业财务状况的稳定程度以及企业适应生产经营客观环境变化的能力。企业权益资金可以采用吸收直接投资、发行股票和留存利润等方式筹措取得。

债务性筹资：债务性筹资形成企业的债务资金，也称借入资金，是企业通过债务方式取得，依约使用、按期偿还的资金。这部分资金在一定期限内归企业使用。但到期必须偿还，因而其偿债压力大。债务资金包括应付账款、应付票据、银行借款、应付债券及其他各种应付的款项，可采用银行借款、发行债券、融资租赁和商业信用等方式筹措取得。

混合性筹资：混合性筹资是指兼具股权性筹资和债务性筹资双重属性的筹资类型，主要包括发行优先股筹资和发行可转换债券筹资。优先股股本属于企业的股权资金，但优先股股利同债券利率一样，通常是固定的，因此，优先股筹资归为混合性筹资。可转换债券的持有者在将该债券转换为公司股票之前，属于企业的债务资金，在转换为公司股票之后，则属于企业的股权资金。

（2）按资金的使用期限划分。企业筹集的资金，按资金的使用期限可分为短期资金和长期资金两类，与此对应，筹资的类型可以分为短期筹资和长期筹资。

短期筹资：短期筹资是指为满足企业周转性资金需要而进行的、资金使用期限在1年以内的筹资活动，也称短期负债筹资。短期筹资方式主要包括短期借款筹资、商业信用筹资、短期债券筹资等。

长期筹资：长期筹资是指为满足企业长期生存与发展而进行的、资金使用期限在1年以上的筹资活动，是企业筹资的主要方面。长期资金主要用于新产品或新项目的开发和推广、生产规模的扩大、厂房和设备的更新与改造等。长期筹资方式主要包括吸收直接投资、发行股票、发行长期债券、长期借款、融资租赁等。

（3）按是否通过金融机构划分。企业筹资活动，按是否通过金融机构可以划分为直接筹资和间接筹资两种类型。

直接筹资：直接筹资是指企业不通过金融机构而直接面对资金供应者进行的筹资活动，一般是通过吸收直接投资、发行股票、发行债券等方式进行筹资。随着金融法规的逐渐健全、证券市场的不断完善，我国居民、企业参与直接筹资的机会大大增加，参与方式日趋多样化。所以，直接筹资的范围越来越广。

间接筹资：间接筹资是企业通过金融媒介进行的筹资活动，一般通过银行或其他金融机构进行。这种筹资具有筹资手续简单、效率高、费用低等优点，但筹资范围相对较窄，筹资渠道与方式相对单一。长期以来，间接筹资一直在我国企业的筹资活动中占主导地位。但是，随着金融市场的不断完善，间接筹资的地位日渐降低，尤其是伴随着现代企业制度建设的深化，越来越多的企业把筹资方向转向资本市场，进行直接融资。

（4）按资金来源的范围划分。企业筹资按资金来源的范围不同，可分为内部筹资和外部筹资两种类型，企业一般应在充分利用内部筹资之后，再考虑外部筹资问题。

内部筹资：内部筹资是指企业利用内部留存收益形成的资本来源，是企业内部自然形成的，因此被称为"自动化的资本来源"，一般无须花费筹资费用，其数量通常由企业可分配的利润规模和利润分配政策决定。

外部筹资：外部筹资是指企业在内部筹资不能满足需要时，向企业外部筹资而形成的资本来源。企业外部筹资方式包括吸收直接投资、发行股票、银行借款、发行债券和融资租赁等。企业的外部筹资大多需要花费筹资费用，但筹资数量相对较大。

（二）权益资金筹资的管理

权益资金是指投资者投入企业和企业生产经营过程中所形成的积累性资金。它反映企业所有者的权益，可以被企业长期占有和支配，是企业一项最基本的资金来源。它的筹集方式具体可分为吸收直接投资、发行普通股股票、利用留存收益等。

1.吸收直接投资

吸收直接投资是指企业按照"共同出资、共同经营、共担风险、共享利润"的原则，从国家、法人、个人、外商等外部主体吸收投资的一种方式。它不以证券为媒介，直接形成企业生产能力，投入资金的主体成为企业的所有者，参与企业经营，按其出资比例承担风险、分享收益。

吸收直接投资的管理，主要包括以下三方面内容：

第一，合理确定吸收直接投资的总量。企业资本筹集规模要与生产经营相适应。企业在创建时必须注意其资本筹集规模与投资规模的关系，要求从总量上协调两者的关系，以避免因吸收直接投资规模过大而造成资产闲置，或者因规模不足而影响资产的经营效益。

第二，正确选择出资方式，以保持其合理的出资结构与资产结构。由于吸收直接投资形式下各种不同出资方式形成的资产的周转能力与变现能力不同，对企业正常生产经营能力的影响也不相同，应在吸收投资时确定较合理的结构关系。这些结构关系包括：现金出资与非现金出资间的结构关系；实物资产与无形资产间的结构关系；流动资产与长期资产间的结构关系（包括流动资产与固定资产间的结构关系）等。

第三，明确投资过程中的产权关系。不同投资者的投资数额不同，其所享有的权益也不相同。因此，企业在吸收投资时必须明确一系列产权关系，包括企业与投资者之间的产权关系，以及各投资者之间的产权关系。

2. 发行普通股股票

股票是公司签发的证明股东所持股份的凭证。股票持有人即为股东，股东作为出资人按投入资本额享有获得资产收益、参与制定公司重大决策和选择管理者等权利，并以其所持股份为限对公司承担责任。股票筹资是股份公司筹集资本的主要方式之一。

股票发行价格的确定受法律等外在因素的限制，如不得折价发行。但股票价格取决于其内在价值。在具体确定股票价格时，人们通常以下述方法作为股票发行价格的参考依据：

一是每股净资产法。每股净资产是所有资产按账面价值，在支付了全部债务（含优先股）后，每股公司所有者权益的价值。它等于公司账面总资产减去负债后的资产净值除以公开发行在外的平均普通股总数。

二是市盈率法。市盈率是指每股市价与每股收益的比率。它反映股票市价（股东购买的成本）与股票收益间的对应关系，即价格对收益的倍数。因此，公司可以用每股收益额乘某一参考市盈率（如行业平均数）来确定其股票发行价格。

三是未来收益现值法。投资者购买股票是为了获取股利。因此，每只股票的价值等于预期未来可收到的全部股利的现值。

3. 利用留存收益

留存收益包括盈余公积和未分配利润。从性质上看，企业通过合法有效经营所实现的税后利润，都属于企业的所有者。因此，属于所有者的利润包括分配给所有者的利润和尚未分配留存于企业的利润。企业将本年度的利润部分甚至全部留存下来的原因有：第一，收益的确认和计量是建立在权责发生制基础上的，企业有利润，但企业不一定有相应的现金净流量增加，因而，企业不一定有足够的现金将利润全部或部分派给所有者。第二，法律法规从保护债权人利润和要求企业可持续发展等角度出发，限制企业将利润全部分配出去。第三，企业基于自身的扩大再生产和筹资需求，也会将一部分利润留存下来。

利用留存收益筹集资金是企业筹集权益资金的方式之一，它是企业将留存收益转化为投资的过程，其实质为原股东对企业追加的投资。利用留存收益筹资具有以下特点：

第一，不发生筹资费用。与普通股筹资相比，留存收益筹资不需要发生筹资费用，资本成本较低。

第二，维持公司的控制权分布。利用留存收益筹资，不用对外发行新股或吸收新投资者，由此增加的权益资本不会改变公司的股权结构，不会稀释原有股东的控制权。

第三，筹资数额有限。留存收益的最大数额是企业本期的净利润和以前年度未分配利润之和。

（三）长期债务筹资

债务资金筹资是企业最主要的筹资形式之一。这是因为：第一，权益资金筹资一会受到一定的限制，这就决定了企业必须借助债务资金筹资形式来满足企业生产经营的需要；第二，从企业发展速度与规模来看，如果不依赖债务资金筹资将难以利用财务杠杆扩大其生产经营规模；第三，债务资金筹资对提高权益资金收益率具有重要的意义。从类型看，企业债务资金筹资方式包括银行借款、企业债券、融资租赁、商业信用等多种形式；从所筹资金的期限看，则分为长期债务资金和短期债务资金两类。下面介绍长期债务资金的筹资方式。

1. 长期借款

长期借款是企业向银行等金融机构借入的、期限在1年以上的各种借款。它以企业的生产经营及获利能力为依托，用于企业长期资产投资和永久性流动资产投资。

（1）长期借款的类型。长期借款按不同的分类标准可分为不同的类型。按提供借款的机构，长期借款可分为政策性银行借款、商业性银行借款、其他金融机构借款。政策性银行借款是指执行国家政策性贷款业务的银行提供的借款，通常为长期借款。商业性银行借款是指由各商业银行向工商企业提供的借款，这类借款主要是为满足企业生产经营的资金需要，以营利为目的。其他金融机构借款是指除商业银行以外其他可以从事贷款业务的金融机构提供的借款，如信托公司、保险公司、企业财务公司等提供的借款。

按是否提供担保，长期借款可分为抵押借款和信用借款。抵押借款的抵押品可以是不动产、机器设备等实物资产，也可以是股票、债券等有价证券。企业到期不能还本付息时，银行等金融机构有权处置抵押品，以保证其贷款安全。信用借款则是凭借贷款企业的信用或其保证人的信用而取得的借款。它通常由借款企业出具签字文书，借贷双方严格执行借款合同，信守约定。

按借款用途，长期借款可分为基本建设借款、更新改造借款、科研开发和新产品试制借款等。

（2）长期借款的偿还方式。贷款本金的偿还通常有两种方式，即：到期一次性偿还；定期或不定期地偿还相等或不等金额的款项，借款到期时还清全部本金。从还款方式可以看出，前者能使借款企业在借款期内使用全部所借资金，但到期还款压力大，需要企业事先做好还款计划与还款准备，如建立偿债基金等。后者则使借款企业在借款期内边用边还，将还款与用款相结合，所用借款额不完整，且实际利率大于名义利率，但偿债压力较小。从根本上说，采用何种偿还方式，取决于所借款项使用后新增的利润及现金流入的特点。

2. 发行债券

公司债券，是指公司依照法定程序发行、约定在一定期限内还本付息的有价证券。发行债券是企业筹集债务资本的重要方式，通常是为其大型投资项目一次筹集大笔长期资本。

债券筹资所面临的财务问题之一是如何对拟发行的债券进行定价，即确定债券发行价格。所谓债券发行价格、是指发行公司（或其承销机构）发行债券时所使用的价格，即投资者向发行公司认购债券时实际支付的价格。公司在发行债券之前，必须进行发行价格决策。

（1）债券发行价格的影响因素。影响债券发行价格的因素主要有以下几种。

一是债券面值，即债券票面价值。债券发行价格的高低，从根本上取决于面值大小，一般而言，债券票面价值越大，发行价格越高。债券面值是债券的到期价值，即债券的未来价值，而债券发行价格是其现在的价值，如果不考虑利息因素，从资金时间价值来考虑，企业债券应以低于面值的价格出售，即按面值进行贴现。

二是债券利率，即债券票面利率，通常在发行债券之前就已确定，并在债券票面上注明。一般而言，债券利率越高，发行价格越高；反之，发行价格越低。

三是市场利率。债券发行时的市场利率是衡量债券利率高低的参照指标，两者往往不一致，共同影响债券的发行价格。一般而言，债券发行时的市场利率越高，债券的发行价格越低；反之，发行价格越高。

四是债券期限。债券发行的起止期限越长，债权人的风险越大，其要求的利息报酬越高，债券发行价格就越低；反之，发行价格越高。

（2）确定债券发行价格。债券通常按债券面值等价发行，但在实践中往往按低于面值折价发行或高于面值溢价发行。这是因为债券利率是参照市场利率制定的，市场利率经常变动，而债券利率一经确定就不能变更，因此只能依靠调整发行价格（折价或溢价）来调节债券购销双方的利益。

从理论上讲，债券发行价格由债券各期利息的现值与债券面值的现值两部分组成。

3. 融资租赁

租赁是出租人以收取租金为条件，在契约或合同规定的期限内，将资产租给承租人使用的一种经济行为。租赁合约规定双方的权利与义务，其具体内容需要通过谈判确定，所以租赁的形式多种多样。根据承租人的目的，租赁可以分为经营租赁和融资租赁。经营租赁的目的是取得经营活动需要的短期使用的资产；融资租赁的目的是取得拥有长期资产所需要的资本。下面围绕融资租赁的类型及程序进行论述。

（1）融资租赁的类型。融资租赁是指出租人（一般指金融租赁公司或信托公司）按照承租人的要求融资购买租赁资产，并在契约或合同规定的较长期限内提供给承租人使用的信用性业务。按照融资租赁业务的特点，一般分为三种类型：

直接租赁，是指承租人直接向出租人租入所需要的资产，并向出租人支付租金的形式。直接租赁的出租人主要是制造厂商、租赁公司。除制造厂商外，其他出租人都是先从制造厂商购买资产后再出租给承租人。

售后回租，是指承租人根据协议将某资产卖给出租人，再将其租回使用并按期向出租人支付租金的形式。在这种租赁形式下，承租人可得到相当于售价的一笔资金，同时仍然可以获得资产的使用权。当然，在此期间，该承租人要支付租金并失去租赁资产的所有权。

杠杆租赁，是在传统融资租赁方式上派生出来的一种租赁方式，它一般涉及承租人、出租人和贷款人三方当事人。从承租人的角度看，这种租赁与其他租赁形式并无区别。但对出租人却不同。出租人只垫支购买资产所需资金的一部分（一般为 20% ～ 40%），其余大部分资金由出租人以租赁资产作抵押向债权人贷款。因此，在这种租赁方式下，出租人一方面收取租赁费，另一方面需要偿还贷款人的贷款本息，若出租人无力偿还贷款，资产的所有权就要转归贷款人。由于租赁收益大于借款成本，出租人可获得财务杠杆利益，故被称为杠杆租赁。

（2）融资租赁的程序。不同的租赁业务，具有不同的具体程序，融资租赁的一般程序如下：

第一，选择租赁公司。企业决定采用租赁方式获取某项设备时，首先需了解各家租赁公司的经营范围、业务能力、资信情况，以及与其他金融机构如银行的关系，获得租赁公司的融资条件和租赁费率等资料，并加以比较，从中择优选择。

第二，办理租赁委托。企业选定租赁公司后，便可向其提出申请、办理委托。这时，承租企业需填写"租赁申请书"，说明所需设备的具体要求，同时向租赁公司提供企业的财务状况文件，包括资产负债表、利润表和现金流量表等。

第三，签订购货协议。由承租企业与租赁公司的一方或双方合作选定设备制造厂商，并与其进行技术与商务谈判，在此基础上签署购货协议。

第四，签订租赁合同。租赁合同由承租企业与租赁公司签订，它是租赁业务的重要文件，具有法律效力。融资租赁合同的内容可分为一般条款和特殊条款两部分。

第五，办理验货、付款与保险。承租企业按购货协议收到租赁设备时，要进行验收。验收合格后签发交货及验收证书，并提交租赁公司，租赁公司据以向供应厂商支付设备价款。同时，承租企业向保险公司办理投保事宜。

第六，支付租金。承租企业在租期内按合同规定的租金数额、支付方式向租赁公司支付租金。

第七，合同期满处理设备。融资租赁合同期满时，承租企业应按租赁合同规定，对设备退租、续租或留购。租赁期满的设备通常以低价卖给承租企业或无偿赠送给承租企业。

（四）短期债务筹资

短期债务筹资是指为满足公司临时性流动资产需要而进行的筹资活动。根据采用的信用形式不同，短期债务筹资主要包括商业信用、短期借款和短期融资券等。

1. 商业信用

商业信用是指商品交易中以延期付款或预收货款方式进行购销活动而形成的企业之间的自然借贷关系，是企业之间的直接信用行为，属于自然融资。商业信用产生于商品交换中，其具体形式主要包括应付账款、应付票据、预收货款等。随着商业竞争日趋激烈，商业信用得到了广泛应用，在短期债务筹资中占有相当大的比重。

2. 短期借款

短期借款是指企业向银行和其他非银行金融机构借入的期限在 1 年以内的借款，主要用于满足公司生产周转性资金、临时资金和结算资金的需求。一般情况下，短期借款是仅次于商业信用的短期债务筹资方式。

短期借款按照目的和用途分为生产周转借款、临时借款、结算借款等。短期借款依偿还方式的不同，分为一次性偿还借款和分期偿还借款；依利息支付方法的不同，分为收款法借款、贴现法借款和加息法借款；依有无担保，分为抵押借款和信用借款；等等。企业在申请借款时，应根据各种借款的条件和需要加以选择。

3. 短期融资券

短期融资券是由企业依法发行的无担保短期本票。在我国，短期融资券是指企业依照《银行间债券市场非金融企业债务融资工具管理办法》的条件和程序，在银行间债券市场发行和交易并约定在一定期限内还本付息的有价证券，是企业筹措短期（1 年以内）资金的直接融资方式。短期融资券又称短期债券，是一种短期资金筹集方式。

由于我国目前市场资金较为充分，短期融资券的发行利率较低，加上短期融资券实行余额管理，可以滚动发行，短期融资券是有竞争实力的企业降低融资成本的一种有效融资方式。短期融资券具有以下筹资特点：

第一，筹资成本较低。相对于公司债券筹资，短期融资券的筹资成本较低。

第二，筹资数额比较大。相对于银行借款筹资，短期融资券一次性的筹资数额比较大。

第三，发行条件比较严格。只有具备一定信用等级、实力强的企业，才能发行短期融资券。

二、项目投资管理

对于创造价值而言，投资决策是财务决策中最重要的决策。筹资的目的是投资，投资需求决定了筹资的规模和时间。在一定意义上，投资决策决定着企业的前景，以至于提出投资方案和评价方案的工作已经不是财务人员能单独完成的，需要相关经理人员的共同努力。

（一）项目投资的主要特点

项目投资是指企业的与形成资本性资产有关的经营资产投资。它包含的内容非常广泛，主要有新产品开发或现有产品的规模扩张、设备或厂房的更新、研究与开发、勘探及其他（如劳动保护设施建设、购置污染控制装置等）等类型。与其他形式的投资相比，项目投资具有如下特点：

第一，投资金额大。项目投资，特别是战略性的扩大生产能力投资一般都需要较多资金，其投资额往往是企业及其投资人多年的资金积累，在企业总资产中占有相当大的比重。因此，项目投资对企业未来的现金流量和财务状况都将产生深远影响。

第二，影响时间长。项目投资的投资期及发挥作用的时间都较长，往往要跨越好几个会计年度或营业周期，对企业未来的生产经营活动将产生重大影响。

第三，变现能力差。项目投资一般不准备在1年或一个营业周期内变现，而且即使在短期内变现，其变现能力也较差。因为，项目投资一旦完成，要想改变相当困难，不是无法实现，就是代价太大。

第四，投资风险大。因为影响项目投资未来收益的因素多，加上投资额大、影响时间长和变现能力差，必然造成其投资风险比其他投资大，对企业未来的命运产生决定性影响。无数事例证明，一旦项目投资决策失败，会给企业带来先天性、无法逆转的损失。

（二）项目投资的类型划分

按不同的标准，项目投资可以分为不同的类型。不同类型的投资，涉及的因素不同、特点不同，在决策时应注意区别对待，以便做出最佳选择。

1. 战略性投资与战术性投资

按照与企业发展的关系，项目投资分为战略性投资与战术性投资。

战略性投资是指对企业全局产生重大影响的投资。其特点在于所需资金一般数量较多、回收时间较长、风险较大。由于战略性投资对企业的生存和发展影响深远，这种投资必须按严格的投资程序进行研究，才能做出决策。

战术性投资是指只关系到企业某一局部具体业务的投资。其特点在于所需资金数量较少、风险相对较小。战术性投资主要是为了维持原有产品的市场占有率，或者利用闲置资金增加企业收益。

2. 确定型投资与风险型投资

按照风险程度，项目投资可分为确定型投资与风险型投资。

确定型投资是指项目计算期的现金流量等情况可以较为准确预测的投资。这类投资的期限一般较短，投资的环境变化不大，未来现金流量较易预测。

风险型投资是指未来情况不确定，难以准确预测的投资。这类项目投资决策涉及的时间一般较长，投资初始支出、每年的现金流量回收、寿命期限、折现率都是预测和估算的，任何预测都有实现和不实现两种情况，即带有某种程度的不确定性和一定的风险性。

如果项目投资决策面临的不确定性和风险较小，可以忽略它们的影响，该决策仍视为确定情况下的决策。如果决策面临的不确定性和风险比较大且足以影响方案的选择，则在决策过程中，必须对这种不确定性和风险予以考虑并进行计量，以保证决策的科学性和客观性。企业的大多数项目投资都属于风险型投资。

3. 独立投资与互斥投资

按照相互之间是否相关，项目投资可分为独立投资与互斥投资。

独立投资是指若干个投资项目之间相互独立、互不排斥的投资。在独立投资中，选择某一投资项目或方案并不排斥选择另一投资项目或方案。例如，某公司拟新建一个生产车间以扩大生产规模、进行某一新产品的研发、建一座办公大楼、购置几辆轿车等投资活动。这些投资项目之间是相互独立的，并不存在相互比较选择的问题。既可以全部不接受，也可以接受其中一个或多个，甚至全部。对于独立方案而言，若无资金总量限制，只需评价其本身的财务可行性。若资金总量有限，也只影响其先后次序，不影响项目最终是否被采纳。

互斥投资，又称互不相容投资，是指各项目间相互排斥、不能并存的投资。一组投资项目中的各个方案彼此可以相互代替，采纳项目组中的某一方案，就会自动排斥其他方案。例如，在固定资产更新改造中，是继续使用旧设备，还是购置新设备，只能选择其中一个方案，为典型的互斥方案。这类投资决策除对所有项目逐个进行分析评价外，还要加以相互比较。显然，对互斥投资而言，即使每个项目本身在财务上是可行的，也不能同时入选，只能取较优者。

4. 增加收入投资与降低成本投资

按照增加利润途径，项目投资可分为增加收入投资与降低成本投资。

增加收入投资是指通过扩大企业生产经营规模，从而增加收入以增加利润的投资。其投资决策规则是评价项目投产后所产生的现金净流入现值是否能够超过项目投资现金流出现值。

降低成本投资是指企业维持现有的经营规模，通过投资来降低生产经营中的成本和费用，间接增加企业利润的投资。其投资决策规则是评价在成本的降低中所获得的收益是否能证明该投资项目是可行的。

研究投资的分类，可以更好地掌握投资的性质和它们之间的相互关系，有利于把握重点、分清主次。当然，上述分类方法不是绝对的，一个投资项目可能属于不同的类型。

（三）项目投资管理的基本步骤

在一定时期，企业可利用资源是有限的，合理配置资源，提高资源的利用效率，对于价值创造是非常重要的。企业进行投资不但需要热情，而且需要冷静的头脑。在拟实施投资项目之前，必须进行科学的调查论证，分析该项投资能给投资者带来什么利益，对整个社会经济产生什么影响，在权衡利弊的基础上决定是否实施该项目投资。对任何项目投资机会的评价都包含以下几个基本步骤：

第一步，提出投资方案。对投资方案的思考，需要在把握投资机会的情况下，根据企业的长远发展战略、中长期发展计划和投资环境的变化来确定。一般情况下，新产品开发方案来自营销部门、设备更新的建议来自生产部门。

第二步，评价投资方案的财务可行性。在财务学中，主要是对已具备经济、技术、管理可行性的投资项目或方案的财务可行性进行评价。评价投资方案财务可行性的步骤包括：①依据相关资料，估算出方案的相关现金流量。②确定合适的折现率，计算出投资方案的相关价值指标，如净现值、内含报酬率等。③将计算出的这些指标与可接受的标准比较，判断是否具备财务可行性。对多个可供选择的投资方案，还要进行比较选择。

第三步，已接受方案的再评价。在项目实施过程中及完成后，需要对投资项目进行跟踪分析和事后评价。这是一项很重要的工作，它可以告诉我们预测的偏差、提供改善财务控制的线索，也有助于指导未来的决策。

许多初学财务管理的人，感到困难的是如何计算财务可行性评价指标，尤其是计算净现值和内含报酬率。其实，真正的困难在于确定现金流量和折现率，以及计算结果的使用，而不是指标计算本身。

（四）项目投资决策的评价方法

项目投资决策评价的基本原理是：当投资项目收益率超过资本成本时，企业价值将增加；当投资项目收益率低于资本成本时，企业价值将减少。这一原理涉及项目的报酬率、资本成本和股东财富的关系。

投资要求的报酬率是投资人的机会成本，即投资人将资金投资于其他等风险资产可以赚取的最高收益。企业投资项目的报酬率必须达到投资人的要求。如果企业的资产获得的报酬超过资本成本，企业的收益大于股东要求，必然会吸引新的投资者购买该公司股票，其结果是股价上涨。反之，股东会对公司不满，有一部分人会出售公司股票，导致股价下跌。因此，资本成本也可以说是企业在现有资产上必须赚取的、能使股价维持不变的收益。股价代表了股东财富，反映了资本市场对公司价值的估计。企业投资取得高于资本成本的报酬，就为股东创造了价值；反之，则毁损了股东财富。因此，投资人要求的报酬率即资本成本，是评价项目是否为股东创造财富的标准。

项目投资决策是通过一定的经济评价指标来进行的。进行投资项目决策的评价方法有非贴现评价方法和贴现评价方法两类。

1. 非贴现评价方法

非贴现评价方法不考虑资金的时间价值，把不同时间的现金流量看成是等效的。因此，这些方法在选择方案时通常起辅助作用。

（1）投资回收期法。投资回收期法是指将回收期作为评价方案优劣指标的一种方法。投资回收期是指投资引起的现金流入累积到与投资额相等所需的时间，代表收回投资所需的年限。回收年限越短，投资方案的流动性越好，风险越小。

投资回收期有包括建设期的投资回收期和不包括建设期的投资回收期两种形式。包括建设期的投资回收期等于不包括建设期的投资回收期加上建设期。

投资回收期是一个静态的绝对量反指标。由于计算简便，并且容易理解，在实务中应用较为广泛。它的缺点主要是：一是没有考虑资金的时间价值；二是没有考虑回收期以后的现金流量；三是不能反映投资方案实际的报酬率。事实上，具有战略意义的长期投资往往早期收益较低，中后期收益较高。投资回收期法优先考虑急功近利的项目，可能导致放弃长期成功的方案。它是以往评价投资项目财务可行性最常用的方法，目前只是作为辅助方法使用，主要用来测定方案的流动性，而非营利性。

使用投资回收期法进行决策必须有一个决策依据，但没有客观因素表明存在一个合适的截止期，可以使公司价值最大化。因此，回收期法没有相应的参照标准。通常，在不考虑其他评价指标的前提下，用小于或等于项目计算期的一半或基准回收期，作为判断投资项目是否具有财务可行性的标准。这一参照标准在一定意义上只是一种主观的臆断。

为了克服投资回收期法不考虑资金时间价值的缺陷，人们提出了折现投资回收期法。折现投资回收期，又称动态投资回收期，是指在考虑资金时间价值的情况下以投资项目引起的现金流入量抵偿原始投资所需要的时间。

动态投资回收期出现以后，为了区分，将传统的投资回收期称为非折现投资回收期或静态投资回收期。

（2）会计收益率法。会计收益率法是将会计收益率作为评价方案优劣指标的一种方法。会计收益率，又称投资利润率，是年平均净收益占原始投资额的百分比。在计算时使用会计的收益、成本观念以及会计报表的利润数据，不直接使用现金流量信息。

会计收益率是一个静态的相对量正指标。它的优点是计算简单、应用范围较广。其缺点主要是：一是没有考虑资金时间价值；二是无法直接利用净现金流量信息；三是不能反映投资方案本身的投资报酬率；四是计算公式的分子分母的时间特征不同，不具有可比性。

与投资回收期一样，会计收益率指标没有一个客观的基准可以作为评判投资项目财务可行性的依据。通常以行业平均会计收益率或投资人要求的会计收益率作为基准。在此情况下，不考虑其他评价指标的前提下，只有当会计收益率指标大于或等于基准会计收益率时，投资项目才具有财务可行性。

2. 贴现评价方法

贴现评价方法，是指考虑资金时间价值的分析评价方法，也被称为贴现现金流量分析技术或动态分析法。常用的贴现评价方法主要包括净现值法、获利指数法和内含报酬率法等。

（1）净现值法。净现值法是使用净现值来评价方案优劣的一种方法。净现值，是指特定方案在整个项目计算期内每年净现金流量现值的代数和，或者说是特定方案未来现金流入量的现值与未来现金流出量的现值之间的差额。

净现值法所依据的原理是：假设预计的现金流入在年末肯定可以实现，把原始投资看成是按预定贴现率借入的。当净现值为正数时，偿还本息后还有剩余的收益。净现值的经济意义是投资方案贴现后的净收益。要计算投资项目的净现值，不仅需要知道与项目相关的现金流量，还必须确定贴现率。通常情况下，将企业要求的最低投资报酬率或资本成本作为投资项目预定的贴现率。

净现值是一个折现的绝对量正指标，是项目投资决策评价指标中最重要的指标之一。净现值法考虑了资金的时间价值和整个项目寿命周期的现金流量，能反映投资项目在其计算期内的净收益。从理论上说，它比其他方法更完善，被誉为"理财的第一原则"，具有广泛的适用性。净现值法的缺点在于不能直接反映项目实际收益率水平；且当投资额不等时，无法用净现值确定独立方案的优劣。

按照这种方法，所有未来现金流入和流出都要按照预定的贴现率折算为现值，然后再计算它们的差额。如净现值为正数，即贴现后现金流入大于贴现后现金流出，该投资项目的报酬率大于预定的贴现率；如净现值为零，即贴现后现金流入等于贴现后现金流出，该投资项目的报酬率等于预定的贴现率；如净现值为负数，即贴现后现金流入小于贴现后现金流出，该投资项目的报酬率小于预定的贴现率。因此，只有当净现值大于或等于 0 时，投资方案才具有财务可行性。

（2）获利指数法。获利指数法是根据获利指数来评价方案优劣的一种方法。获利指数，又称现值指数，是指未来现金流入量的现值与现金流出量的现值的比率，或者说是投产后各年净现金流量的现值之和除以原始投资的现值。

获利指数是一个贴现的相对量正指标。它从动态的角度反映了投资项目的资金投入与总产出之间的关系，可以进行独立投资机会获利能力的比较。但它与净现值一样，无法直接反映投资项目的投资收益率。

获利指数可以看成是 1 元原始投资可望获得的现值净收益。它是一个相对数指标，反映的是投资的效率；而净现值指标是绝对数指标，反映的是投资的效益。只有投资方案的获利指数大于或等于1，说明其收益超过或等于成本，即投资报酬率超过或等于预定的贴现率，方案才具有财务可行性。

（3）内含报酬率法。内含报酬率法是根据方案本身的内含报酬率来评价方案优劣的一种方法。内含报酬率，又称内部收益率，或内部报酬率，是指能够使未来现金流入量的现值等于未来现金流出量的现值的贴现率，或者说是使投资方案净现值为零的贴现率。

净现值和获利指数虽然考虑了资金的时间价值，可以说明投资方案高于或低于某一特定的投资报酬率，但没有揭示方案本身可以达到的实际报酬率水平。内含报酬率是投资项目本身"固有"的可以实现的最高投资收益率。"固有"是指内含报酬率是投资项目的内生变量，本身不受资本市场利率的影响，而取决于投资项目本身所产生的现金流量，只要确定了预期现金流量，包括各期现金流量规模和持续时间，就确定了内含报酬率。"最高"是指内含报酬率反映投资项目所能达到的真实收益率，为投资者提供了一个选择期望要求报酬率的上限，即投资者的要求报酬率不能超过投资项目的内含报酬率，否则将无法偿还资本成本。

内含报酬率是一个折现的相对量正指标。它从动态的角度直接反映了投资项目的实际收益水平，计算不受设定贴现率的影响。其缺点主要是计算过程比较麻烦，而借助计算机用插入函数法又无法求得真实的内含报酬率。

只有当内含报酬率大于或等于资本成本或投资人要求的收益率时，方案才具有财务可行性。

第三节 营运资本管理

一、现金管理

（一）持有现金的意义体现

现金是指在生产过程中暂时停留在货币形态的资金，包括库存现金、银行存款、银行本票和银行汇票等。为保持正常生产经营活动，如购买原材料、支付工资、应付紧急情况，企业要持有一定数量的现金，但现金是非营利性资产。现金管理的过程就是在现金的流动性与收益性之间进行权衡选择的过程，其目的是在满足企业经营活动现金需要的同时，减少企业闲置的现金数量，提高资金收益率。

通过现金管理，现金收支不但在数量上，而且在时间上相互衔接，对于满足企业经营活动的需要、减少企业闲置的现金数量、提高资金收益率具有重要意义。

（二）现金日常管理的内容

1. 现金回收管理

为了提高现金的使用效率、加快现金周转，企业应尽量加速账款的收回。

2. 现金支出管理

现金支出管理的主要任务是尽可能延缓现金的支出时间。主要方法有以下几种。

（1）合理利用"浮游量"。所谓"浮游量"，是指企业账户上存款余额与银行账户上所示的企业存款余额之间的差额，也就是企业和银行之间的未达账项。充分利用"浮游量"是企业广泛采用的一种提高现金利用效率、节约现金支出总量的有效手段。

（2）推迟支付应付款。企业可在不影响信誉的情况下，尽可能推迟应付款的支付期。

（3）采用汇票付款。在使用支票付款时，只要持票人将支票存入银行，付款人就要无条件地付款，但汇票不一定是"见票即付"的付款方式，这样就可以合法地延期付款。

3. 闲置现金投资管理

企业现金管理的目的首先是满足日常生产经营业务的需要，其次是使这些现金获得最大的收益。这两个目的要求企业将闲置资金投入流动性高、风险性低、交易期限短的金融工具中，以期获得较多收入。

二、应收账款管理

应收账款是指企业因对外赊销产品或材料、供应劳务等而应向购货或接受劳务的单位收取的款项。在市场经济条件下，企业与企业之间相互提供商业信用是一种普遍现象，对应收账款进行管理自然成为企业流动资产管理的重要组成部分。企业提供商业信用，采取赊销方式，会使企业应收账款的数量大幅增加，现金回收时间延长，甚至会使企业遭受不能收回应收账款的损失。但赊销又可以扩大销售，增加企业的市场占有率，提高企业的盈利水平。因此，应收账款管理的目标是充分发挥应收账款的功能，权衡应收账款产生的收益、成本和风险，做出有利于企业的应收账款决策，并加强应收账款收回的管理。

（一）收账政策

收账政策是指客户在规定的信用期内仍未付款时，企业为催促款项而采取的一系列程序和措施的组合。企业积极地采取措施催收款项，能够减少坏账损失，保证货款的安全和完整，但是必然会引起收账成本的增加；企业消极应对，收账成本会相应减少，但是企业发生坏账损失的风险会增加，资产的安全性缺乏保障。所以，如何既保障货款安全、完整收回又不增加企业的收账成本，这是企业制定收账政策时应考虑的问题。

（二）应收账款收回的管理方法

企业应收账款发生的时间长短不一，有的还在付款期内，有些已经超出付款期，而且超出的时间也各不相同。一般情况下，款项拖欠的时间越长，收回的可能性越小，发生坏账的可能性就越大。因此，企业应采用科学的方法对应收账款的回收进行监督和管理，常用的有账龄分析法和 ABC 管理法。

1. 账龄分析法

账龄分析法通过编制账龄分析表，显示企业应收账款付款期的长短来进行分析。对拖欠时间不同的应收账款应采用不同的收账方法，对可能发生的坏账也要及时做好准备，合理提取坏账准备。常用公式为：坏账准备 = 赊销额 × 预计坏账损失率。预计坏账损失率一般为 3‰～ 5‰。

2. ABC 管理法

ABC 管理法又称重点管理法，现已广泛用于存货管理、成本管理和生产管理。ABC 管理法就是遵循"保证重点，照顾一般"的原则。将所有欠款客户按其所欠货款金额的多少进行分类，然后按类别分别采用不同的收账政策：将所欠货款金额较大的客户归入 A 类，将所欠货款金额较小的客户归入 C 类，将其他客户归入 B 类。对这三类客户分别采用不同的收账方法：对 A 类客户应重点对待，适当增加收账费用，可通过信函催收、专人催收，甚至可通过法律途径解决；对 B 类客户则可采用一般的收账方法，可多次发出催款信函；对 C 类客户只需发函通知其尽快付款即可。

三、存货管理

存货是指在企业的日常活动中持有以备出售的产品或商品、处在生产过程中的在产品、在生产过程或提供劳务过程中耗用的材料和物料等。企业持有充足的存货，不仅有利于生产过程的顺利进行、节约采购费用与生产时间，还能够迅速地满足客户各种订货的需要，从而为企业的生产与销售提供较大的机动性，避免因存货不足带来的机会损失。但是存货过多，又不利于资金周转，同时会增加储存成本（如仓库折旧费、仓库职工工资、存货资金的应计利息、存货残损和变质损失、存货保险费用等），因此，存货管理要权衡成本和风险。下面重点介绍实践中存货控制的 ABC 管理法。

存货 ABC 分类的标准主要有两个：一是金额标准，二是品种数量标准。其中金额标准是最基本的，品种数量标准仅作为参考。具体分类方法是：A 类，金额巨大，但品种数量较少的存货（品种数量占总品种数量的 10% 左右，金额占总金额的 70% 左右）；C 类，金额微小，但品种数量繁多的存货（品种数量占总品种数量的 70% 左右，金额占总金额的 10% 左右）；B 类，介于 A、C 两类之间的存货（品种数量占总品种数量的 20% 左右，金额占总金额的 20% 左右）。

四、成本与费用管理

（一）成本和费用的界定

费用作为会计要素或会计报表要素的构成内容之一，是和收入相对应而存在的。企业会计制度中将费用定义为："费用是指企业为销售商品、提供劳务等日常活动所发生的经济利益的流出。"将成本定义为："成本是指企业为生产产品、提供劳务而发生的各种耗费。"

费用和成本是两个并行使用的概念，两者之间既有联系也有区别。成本是按一定对象所归集的费用，是对象化了的费用。也就是说，生产成本是相对于一定的产品而言所发生的费用，是按照产品品种等成本计算对象对当期发生的费用进行归集而形成的。两者之间也是有区别的。费用是资产的耗费，它与一定的会计期间相联系，而与生产哪一种产品无关；成本与一定种类和数量的产品或商品相联系，而无论发生在哪一个会计期间。

（二）费用的类别划分

为了便于合理地确认和计量费用，正确地计算产品成本，应恰当地对费用进行分类。

1.根据费用的经济内容（或性质）分类

根据经济内容（或性质），费用可分为劳动对象方面的费用、劳动手段方面的费用和活劳动方面的费用三大类。这在会计上称为生产费用要素，一般由以下九个项目组成。

（1）外购材料。指企业为进行生产而耗用的从外部购入的原材料及主要材料、半成品、辅助材料、包装物、修理用备件和低值易耗品等。

（2）外购燃料。指企业为进行生产而耗用的从外部购入的各种燃料，包括固体燃料、液体燃料和气体燃料。

（3）外购动力。指企业为进行生产而耗用的从外部购入的各种动力，包括热力、电力和蒸汽等。

（4）工资。指企业所有应计入生产费用的职工工资。

（5）提取的职工福利费。指企业按照工资总额的一定比例计提并计入费用的职工福利费。

（6）折旧费。指企业控制的固定资产按照使用情况计提的折旧费。

（7）利息支出。指企业计入期间费用等的负债利息净支出（利息支出减利息收入后的余额）。

（8）税金。指计入企业成本费用的各种税金，如印花税、房产税、车船使用税和土地使用税等。

（9）其他费用。指不属于以上各费用要素的费用。

费用按照经济内容进行分类，可以反映企业在一定时期内发生了哪些生产费用，金额各是多少，以便分析企业各个时期、各种费用占整体费用的比重，进而分析企业各个时期、各种要素费用支出的水平，有利于考核费用计划的执行情况。

2. 根据费用的经济用途分类

根据经济用途，可将企业发生的费用划分为应计入产品成本、劳务成本的费用和不应计入产品成本、劳务成本的费用两大类。对于应计入产品成本、劳务成本的费用可继续划分为直接费用和间接费用。其中直接费用包括直接材料、直接人工和其他直接费用；间接费用是指制造费用。对于不应计入产品成本和劳务成本的费用可继续划分为管理费用、财务费用和销售费用。

（1）直接材料。指企业在生产产品和提供劳务过程中所消耗的，直接用于产品生产，构成产品实体的原料及主要材料、外购半成品（外购件）、修理用备件（备品配件）、包装物、有助于产品形成的辅助材料以及其他直接材料。

（2）直接人工。指企业在生产产品和提供劳务过程中，直接从事产品生产的工人工资以及按生产工人工资总额和规定的比例计算提取的职工福利费。

（3）其他直接费用。指企业发生的除直接材料费用和直接人工费用以外的，与生产商品或提供劳务有直接关系的费用。直接费用应当根据实际发生数进行核算，并按照成本计算对象进行归集，直接计入产品的生产成本。

（4）制造费用。指企业为生产产品和提供劳务而发生的各项间接费用，包括工资和福利费、折旧费、修理费、办公费、水电费、机物料消耗、劳动保护费、季节性和修理期间的停工损失等，但不包括企业行政管理部门为组织和管理生产经营活动而发生的管理费用。

（5）期间费用。指企业当期发生的必须从当期收入得到补偿的费用。由于它仅与当期实现的收入相关，必须计入当期损益，称为期间费用。主要包括：行政管理部门为组织和管理生产经营活动而发生的管理费用；为筹集资金而发生的财务费用；为销售商品而发生的销售费用。

费用按经济用途进行分类，能够明确地反映出直接用于产品生产上的材料费用是多少、工人工资是多少，耗用于组织和管理生产经营活动中的各项支出是多少，从而有助于企业了解费用计划、定额、预算等的执行情况，控制成本费用支出，加强成本管理和成本分析。

（三）加强成本费用管理与控制

企业成本水平的高低直接决定企业产品盈利能力的大小和竞争能力的强弱。控制成本、节约费用及降低物耗，对于企业具有重要意义。财务部门要发挥自身拥有大量价值信息的优势，运用量本利分析法，合理测定成本最低、利润最大的产销量，减少无效或低效劳动；改变现行产品成本出现浪费后再控制的做法和只注重在生产过程中抓成本控制的行为，从产品的设计、论证抓起，把技术进步、成本控制和经济效益有机地结合起来，把成本浪费消灭在产品的"源头"，实现财务部门抓成本管理的事前参与和超前控制。

要重点抓好采购成本、销售成本、管理费用等支出的管理，采购成本管理要重点抓好原辅材料的价格、质量结构和存量，要认真研究原辅材料的市场和采购策略，按照货比多家、比质比价、择优选择的原则进行采购；销售成本控制重点放在销售费用、压缩库存、清欠货款、减少资金占用和利息支出上；管理费用的控制重点放在业务招待费、差旅费上，严格审批手续，真正把管理费用管好、控制好。

第四节　财务分析

财务分析以企业财务报告等核算资料为基础，采用一系列分析方法和指标，对企业财务状况和经营成果进行评价和剖析，反映企业在运营过程中的利弊得失和发展趋势，从而为改进企业财务管理工作和优化经济决策提供重要的财务信息。财务分析既是对已完成的财务活动的总结，又是财务预测的前提，在财务管理的循环中起着承上启下的作用。

一、财务分析的主要方法

企业进行财务分析的方法主要有比较分析法、比率分析法、趋势分析法等。

比较分析法又称为对比分析法，它是对财务指标进行比较，借以确定差异、分析原因和寻求潜力的一种方法。进行对比分析时，相互比较的指标必须具有可比性，计算口径、计价基础和时间单位都应保持一致。在实际工作中，比较分析法的形式主要有：实际指标与计划指标比较、同一指标纵向比较、同一指标横向比较三种，以分别揭示企业计划完成情况、发展趋势和先进程度。

比率分析法是指通过同一期财务报表的若干不同项目或类别之间的比较，揭示它们之间的相互关系，据以分析和评价企业的财务状况和经营成果，找出经营管理中存在的问题的一种方法。比率指标主要有三种类型：构成比率、效率比率和相关比率。

趋势分析法是通过确定两期或连续若干期财务报告中相同指标的增减变动的方向、数额或幅度，来说明企业财务状况或经营成果的变化趋势的一种方法。采用这种方法，可以分析引起变化的主要原因、变动性质，并预测企业未来的发展前景。趋势分析法的具体运用主要有三种方式：重要财务指标的比较、会计报表的比较、会计报表项目构成的比较。

二、财务分析指标

总结和评价企业财务状况与经营成果的分析指标包括偿债能力指标、营运能力指标和盈利能力指标等。

（一）偿债能力

1. 短期偿债能力

短期偿债能力是指企业以流动资产偿还流动负债的能力。反映企业短期偿债能力的指标主要有流动比率、速动比率等。这里主要介绍流动比率。

流动比率是企业流动资产与流动负债的比率，用于衡量企业在某一时点偿付即将到期债务的能力。其计算公式为：

流动比率=流动资产/流动负债

通常，流动比率越高，说明企业偿付短期债务的能力越强。一般认为，制造业企业的流动比率应维持在 2：1 的水平。流动比率并不是越高越好，流动比率过高，意味着企业有过多的资金滞留在流动资产上，导致企业整体获利能力下降。

2. 长期偿债能力

反映长期偿债能力的指标主要包括负债比率、所有者权益比率等。

（1）负债比率。负债比率又称为资产负债率，是企业全部负债总额与全部资产总额的比率，用于分析企业借用他人资本进行经营活动的能力。其计算公式为：

负债比率=负债总额/资产总额

由于举债经营给企业带来财务利益的同时增加了财务风险，对债务人来说，资产负债率越高，其营运能力和盈利能力越大，风险也随之增大；对债权人来说，债务人的资产负债率越低，表明其偿债能力越强，反之越弱。一般认为，企业负债比率保持在 40% ～ 60% 较为正常，若超过 70%，则说明企业经营风险较大。

（2）所有者权益比率。所有者权益比率是指企业的所有者权益与全部资产总额的比率。其计算公式为：

所有者权益比率=所有者权益总额/全部资产总额

所有者权益比率与负债比率之和应等于 1。这两个比率从不同侧面反映企业的长期资金来源。所有者权益比率越大，负债比率越小，企业财务风险越小，相应地，企业长期偿债能力就越强。

（二）营运能力

企业营运能力的高低主要取决于资产周转的速度。周转速度越快，资金的使用效率越高，则企业的营运能力越强；反之，营运能力越弱。反映营运能力的指标主要有存货周转率、应收账款周转率、全部资产周转率等。

1. *存货周转率*

存货周转率是指企业在一定期间内销货成本与平均存货成本的比率，用于衡量企业的销售能力和存货周转的速度。其计算公式为：

存货周转率=销货成本/平均存货成本

式中：平均存货成本为期初存货成本与期末存货成本的平均数。

存货周转率也可以用存货周转天数表示。存货周转天数是指存货每周转一次所需的天数。周转天数越少，周转速度越快，营运能力就越强。其计算公式为：

存货周转天数=365/存货周转率

2. *应收账款周转率*

应收账款周转率是企业的赊销净额与应收账款平均余额的比率，反映企业在一定期间内应收账款转变为现金的速度。其计算公式为：

应收账款周转率=赊销净额/平均应收账款余额

式中：平均应收账款余额应按应收账款净额与应收票据两者的期初余额与期末余额的平均值计算；

赊销净额是销售净额减去付现销售收入后的余额。

反映应收账款变现速度的另一指标为应收账款周转天数。其计算公式为：

应收账款周转天数=365/应收账款周转率

应收账款周转次数越多，周转天数越少，说明企业应收账款的变现速度越快，收账效率越高。

3. *全部资产周转率*

全部资产周转率是企业在一定期间内销售净额与平均资产总额的比率。其计算公式为：

全部资产周转率=销售净额/平均资产总额

全部资产周转天数=365/全部资产周转率

全部资产周转次数越多，周转天数越少，说明企业全部资产利用效率越高。

（三）盈利能力

盈利能力是企业组织生产活动、销售活动和财务管理水平高低的综合体现。反映盈利能力的指标主要有销货收益率、总资产报酬率、资本收益率等。

1. 销货收益率

销货收益率又称为销售利润率，是企业在一定期间内不扣除利息费用的税前净收益与销售净额的比率。其计算公式为：

销售收益率=（利润总额+利息费用）/销售净额

之所以将利息费用加上，是为了反映全部资金的创利水平，不受资金来源的影响。

销售收益率越高，说明企业营业收入的盈利水平越高，企业获利能力越强。

2. 总资产报酬率

总资产报酬率又称为全部资产周转率，是企业在一定期间内利润总额和利息支出之和与平均资产总额的比率。其计算公式为：

总资产报酬率=（利润总额+利息支出）/平均资产总额

总资产报酬率能够表明企业每运用 100 元资产给企业带来的收益是多少，该指标越高，说明企业盈利水平越高，获利能力越强。

3. 资本收益率

资本收益率是企业在一定期间内税后利润（即净利润）与实收资本的比率。其计算公式为：

资本收益率=净利润/实收资本

资本收益率指标用于衡量企业运用所有者投入资本获取收益的能力，该比率越高，说明企业所有者投入资本的获利能力越强。

参考文献

[1] 仇玮. 企业营运资本管理与效率 [J]. 合作经济与科技，2022（5）：136-137.

[2] 崔和军. 市场经济条件下企业经济管理模式分析 [J]. 商展经济，2022（20）：147-149.

[3] 邓万勇. 浅谈我国企业人力资源培训与开发管理 [J]. 人才资源开发，2019（9）：70-71.

[4] 丁鑫. 金融市场风险预测及应对措施 [J]. 商展经济，2022（18）：70-72.

[5] 段雨晴. 财务分析在企业经营决策中的应用探讨 [J]. 企业改革与管理，2022（19）：107-109.

[6] 顾金峰，程培塑. 经济管理基础 [M]. 徐州：中国矿业大学出版社，2012.

[7] 郭国庆，杨学成. 市场营销学概论 [M]. 北京：高等教育出版社，2008.

[8] 胡庆华. 财务分析在企业经营决策中的应用 [J]. 财会学习，2022（24）：19-21.

[9] 蓝明珠. 基于企业战略的人力资源规划 [J]. 上海商业，2021（12）：92-93.

[10] 黎群，王莉. 企业文化 [M].3 版. 北京：北京交通大学出版社，2018.

[11] 李梦. 中小企业筹资管理现状及建议 [J]. 财经界，2020（14）：16-17.

[12] 李琦. 企业员工培训与开发管理体系建设研究 [J]. 技术与市场，2020，27（5）：157-158.

[13] 李涛，高军. 经济管理基础 [M]. 北京：机械工业出版社，2020.

[14] 李自钢. 企业财务管理环境分析 [J]. 中小企业管理与科技（中旬刊），

2014（11）：33-34.

[15] 林虹. 新时期下企业经济管理的创新路径研究 [J]. 上海商业，2022
（10）：148-150.

[16] 林洁. 我国保险企业税收制度研究 [J]. 特区经济，2014（5）：121-122.

[17] 刘思澜. 财政税收制度对中小企业的扶持作用 [J]. 环渤海经济瞭望，
2022（5）：22-24.

[18] 刘晓东. 浅析财务管理原则体系 [J]. 北方经贸，2008（8）：84-85.

[19] 刘雪. 企业人力资源规划的常见问题及对策分析 [J]. 商业文化，2022
（5）：78-80.

[20] 聂贵洪. 企业战略管理的重要性与精准化研究 [J]. 中国管理信息化，
2022，25（19）：150-153.

[21] 裴敏雅. 如何有效开展人力资源规划 [J]. 人力资源，2022（20）：
152-154.

[22] 彭淑贞. 人力资源薪酬管理存在问题及对策探讨 [J]. 经贸实践，2018
（24）：251-252.

[23] 王冯. 战略性人力资源管理及其理论基础 [J]. 活力，2022（17）：109-111.

[24] 王福君，安甜甜，曲丽秋. 经济管理基础知识 [M]. 北京：北京理工
大学出版社，2015.

[25] 王世法，张怡跃. 经济管理基础 [M]. 合肥：中国科学技术大学出版
社，2012.

[26] 王文汉. 经济管理基础 [M].3 版. 北京：中国财政经济出版社，2013.

[27] 魏迎霞，李华. 人力资源管理 [M]. 开封：河南大学出版社，2017.

[28] 吴继良. 企业筹资管理中存在的问题及对策浅探 [J]. 现代交际，2018
（22）：120-121.

[29] 吴伟珊. 提高企业市场营销管理效率的思考 [J]. 老字号品牌营销，
2022（18）：19-21.

[30] 肖国华. 企业经济管理创新思考 [J]. 合作经济与科技，2022（19）：
136-137.

[31] 熊丹，龚雪梅．企业应对市场营销环境变化的策略 [J]. 全国流通经济，2022（25）：19-22.

[32] 熊一潭．企业财务分析优化研究 [J]. 商场现代化，2022（18）：165-167.

[33] 熊占云．企业财务分析存在的问题及应对举措 [J]. 质量与市场，2022（20）：16-18.

[34] 张德艳．企业战略决策中 SWOT 模型的不足与改进分析 [J]. 企业科技与发展，2019（1）：138-139.

[35] 张灵澍，贺彩玲．企业战略管理若干问题试析 [J]. 财经界，2022（22）：96-98.

[36] 张萌．加强企业人力资源薪酬管理的对策建议 [J]. 企业改革与管理，2020（23）：75-76.

[37] 赵晓燕，孙梦阳．市场营销管理——理论与应用 [M].3 版．北京：北京航空航天大学出版社，2018.

[38] 赵雨莹．数字经济下企业税收征管制度探讨 [J]. 合作经济与科技，2022（14）：170-171.

[39] 甄玉敏．企业市场营销管理的创新研究 [J]. 中国储运，2022（10）：198-199.

[40] 郑悦．企业战略决策新方法 [J].IT 经理世界，2016（10）：70-71.

[41] 周茜．浅析企业员工激励机制下的培训与开发 [J]. 商讯，2021（25）：190-192.

[42] 朱伏平，杨方燕．经济管理 [M]. 成都：西南交通大学出版社，2018.

[43] 朱林．企业筹资管理的问题及对策 [J]. 现代商贸工业，2018，39（18）：133-134.

[44] 左和平，张纯，王毅成，等．经济管理基础 [M]. 上海：上海财经大学出版社，2010.